Ottmar Fuchs

Die andere Reformation

Ökumenisch für eine solidarische Welt

Lieber Gotthard,
danke für Deine
lieben Zeilen,
alles Gute und
herzliche Grüße,
Dein Ottmar

OTTMAR FUCHS

Die andere Reformation

Ökumenisch für eine solidarische Welt

echter

Meiner
Schwester
Irene

Bibliografische Information der Deutschen Nationalbibliothek

Die Deutsche Nationalbibliothek verzeichnet diese Publikation in der Deutschen Nationalbibliografie; detaillierte bibliografische Daten sind im Internet über ‹http://dnb.d-nb.de› abrufbar.

1. Auflage 2016

www.echter.de

Umschlag: wunderlichundweigand
Satz: Hain-Team (www.hain-team.de)
Druck und Bindung: CPI books – Clausen & Bosse, Leck

ISBN
978-3-429-03987-5
978-3-429-04882-2 (PDF)
978-3-429-06302-3 (ePub)

Vorwort

Damals, als mir während meines Theologiestudiums zur Vorbereitung einer Seminargestaltung in Gedanken und im Herzen aufgegangen ist, welche Bekehrung Martin Luther erlebt haben muss, als ihm intensiv klar wurde, dass er nichts dafür tun muss, um von Gott geliebt zu werden, dass er als Sünder, noch bevor er etwas geleistet haben könnte, von Gott „gerechtfertigt" ist, hat dies bei mir selber die Bekehrung ausgelöst, Seelsorge, Verkündigung und Lebenshilfe und auch die Pastoraltheologie immer mehr in einer ganz zentralen Weise aus der Perspektive der Rechtfertigungstheologie und damit einer radikalen Gnadentheologie zu begreifen. Als in dieser Hinsicht „lutherischer Katholik" war ich immer wieder dabei, meine katholische Identität auf ihre rechtfertigungstheologischen Möglichkeiten hin durchzubuchstabieren, zuletzt hinsichtlich der Sakramententheologie und -pastoral.[1]

Weil Luthers Entdeckung für meinen Glauben und für meine Theologie so entscheidend geworden ist, glaube ich, auch das benennen zu dürfen, wo ich gerne (in mancher Hinsicht auch durch die neuere Theologie des Zweiten Vatikanums mitbewegt) mit Luther über Luther hinaus gehen möchte, nicht um einer rechthaberischen Auseinandersetzung, sondern um der authentischen Zukunft der Kirchen willen. Inhaltlich geht es dabei um die solidarische Notwendigkeit der guten Werke genauso wie um die unbegrenzte Reichweite der Rechtfertigungstheologie. Das „mit Luther" ist dabei sehr ernst zu nehmen, denn ohne Luther ginge es nicht über Luther hinaus.

Auch ist keine zeitenthobene Kritik an Luther angezielt, sondern ich will gerade *in* der Dynamik seiner unschätzbaren Errungenschaften in Glaube und Theologie aus meiner Perspektive Entscheidendes für die Kirchen fruchtbar werden lassen. Konfessionalistische Auseinandersetzungen weichen der gemeinsamen Auseinandersetzung um eine ökumenische Zukunft des Christentums zum „Heil der Welt".

„Es geht ... um die Rechtfertigungslehre, es geht um eine theologische Grundbotschaft für den Menschen im 21. Jahrhundert – das ist der eine Aspekt. Und der andere Aspekt, dass man immer stärker die ökumenische Frage in den Vordergrund gestellt hat ..: Die großen Kirchen in Deutschland wollen in diesem Reformationsjubiläum Akzente der Gemeinsamkeit setzen. Das halte ich für eine ganz große außerordentliche Entwicklung."[2] Dafür will dieses Buch ein Beitrag sein, ganz im Sinne einer gegenseitigen „Mitreformation" für die Zukunft.[3]

Mein Zugang ist kein primär historischer, sondern ein praktisch-theologischer. Selbstverständlich berufe ich mich dabei auf historische Forschungen. Direkte Textbelege zu den Schriften Luthers sind solchen Forschungen zu entnehmen. Es ist das Ziel meines Faches, unsere Gegenwart und Zukunft in eine „Begegnung" mit Luther und der Lutherrezeption einzubringen. Die gegenwärtigen Herausforderungen und Probleme sind dabei genauso ernst zu nehmen wie die Kontexte, in denen sich Luther und die Menschen, die seine Botschaft annahmen, befanden.[4]

Das Buch hat vier Kapitel: Nach der Eröffnung des Themenkreises zum *Erinnerungsfest der Gnade* im Jahr 2017 folgen einige zusätzliche *Vertiefungen* der in diesem Fest angesprochenen Inhalte. Man muss die Vertiefungen nicht gelesen haben, um drittens zu den *Reformatorischen Wegweisungen* zu kommen, in denen etwas andere Reformatoren und Reformatorinnen Luther beigesellt werden, vor allem jene andere Wartburgreformatorin Elisabeth, die Luther selbst sehr geschätzt hat. Das Buch endet mit *Mut und Demut* für eine gemeinsame Solidarität ohne Selbstüberschätzung und für einen Glauben, der Leben und Leiden trägt. Mit jedem der vier Kapitel beginnen in den Anmerkungen die Erstnennungen der Publikationen von Neuem.

Diese Thematik beschäftigt mich seit etlichen Jahren. Was davon bereits publiziert wurde, findet sich in der Liste der Vorarbeiten (sie werden in den Anmerkungen mit Kurztitel zitiert) am Ende des Buches.

Dem Lektor des Echter Verlags, Herrn Heribert Handwerk, danke ich herzlich für das intensive Lektorat und für seinen Einsatz für dieses Projekt und Rolf Bechmann für die abschließende Durchsicht des Manuskripts.

Ca. 1944, also in der für viele Verfolgte und Gequälte und überhaupt für Millionen von Menschen hoffnungslosen Zeit, haben Menschen aus ihrem evangelischen Glauben heraus Martin Luther inhaltlich mit Recht das Wort in den Mund gelegt: „Wenn ich wüsste, dass morgen die Welt unterginge, würde ich heute noch ein Apfelbäumchen pflanzen.“[5] Eine wunderbare Erfindung, die Hoffnung in hoffnungsarmer Zeit mit dem Autoritätsbezug auf Luther selbst zu stärken. Wenn es nicht zu vermessen ist, möchte auch ich, nicht vergleichbar mit den Bedrängnissen um 1944, aber doch aus drängenden Sorgen für die ökonomische, ökologische und religiöse Zukunft der Welt heraus,

Martin Luther eine neue Apfelbaumgeschichte in den Mund legen: dass aus der Dynamik seiner Theologie in den Kirchen jenes „Bäumchen“ gepflanzt und gehegt wird, in dem unbegrenzte Solidarität (einschließlich damit verbundener Verzichtbereitschaft) und unendliche Liebe Gottes im Glauben der Menschen heranwachsen können. Martin Luther selbst möge, wie auf dem Titelbild dieses Buches, sein Auge darauf haben, dass dieses Bäumchen zu einem mächtigen Baum wird.
Ich widme dieses Buch meiner Schwester Irene in Dankbarkeit für eine herzliche Geschwisterschaft, für unzählige wertvolle Anregungen in unseren Gesprächen und dafür, wie sie auf ihre Weise den Weg der „anderen Reformation“ geht.

Lichtenfels,
am 25. Juni 2016,
am Fest „Petrus und Paulus“
Ottmar Fuchs

Inhalt

Erinnerungsfest der Gnade

1. Luthers Herz

In der „Gemeinsamen Erklärung zur Rechtfertigungslehre", dieser epochalen Einigung zwischen dem Lutherischen Weltbund, der Römisch-katholischen Kirche und dem Weltrat methodistischer Kirchen am 31. Oktober 1999, am Reformationstag also, ist zu lesen: Rechtfertigung geschieht allein aus Gnade. Grundlage dieser Einsicht[6] ist jener biblische Theologe, dessen Briefe für den Glauben aller Kirchen höchst bedeutsam sind – der Apostel Paulus, der Urheber der Rechtfertigungstheologie.[7] Darin versucht er dem Glauben auf seinen tiefsten Grund zu kommen, sein tiefstes Geheimnis ins Wort zu bringen. Für Luther lag darin *die* Entdeckung seines Glaubens und seines Lebens. Zugleich hat er damit in der Praxis der Kirche aufgedeckt, was dort unterbelichtet oder gar abgedunkelt war.

Was ist dieses Herzstück der Theologie Luthers? Welche Kernerfahrung stand dahinter? Warum konnte er, nachdem er einmal diese Erfahrung gemacht und diese Einsicht gewonnen hatte, danach nie mehr aufhören, von ihr her die ganze Theologie und die christliche wie auch kirchliche Praxis zu entwickeln? Wie bei allen Theologien hat auch diese Theologie mit der Biographie zu tun und ist ohne Letztere nicht denkbar.

Und zu dieser Biographie gehört, dass Luther in vieler Hinsicht Glaube und Kirche als etwas erlebt, das ständig fordert, Lasten auferlegt, und das alles mit Gott als Legitimationsgrundlage: dass es Gott so will (vgl. Lk 11,43–52). Für den jungen Luther ist es gerade diese Seite der Frömmigkeit, die er nicht nur erlebt, sondern die er selber in sich bestätigt und verschärft. Denn er will sich unterwerfen, er versucht, die Gebote zu erfüllen. Gegen sein marterndes Sündenbewusstsein kämpft er durch häufige Bußübungen und Beichten an. Gnadenlos gegen sich selbst will er Gottes Gnade durch seine spirituellen Leistungen erwerben und erzwingen.

„Luthers theologische Entwicklung hin zu einem neuen Verständnis der Gerechtigkeit Gottes und der Rechtfertigung des Menschen hatte sich an der quälenden Erfahrung des Sünder-Seins entzündet, umso mehr je stärker er sich als Augustiner-Eremit um ein regelstrenges und spirituell verdichtetes Mönchsleben bemüht hatte." Diese „Radikalität seiner Anfechtungsängste" bestimmte die „existenzielle Wucht der religiösen Erfahrung … in ihrer die ganze Richtung des theologischen Nachdenkens neuordnenden und strukturierenden Dynamik".[8]

Luther kann seiner Sündigkeit und seiner Unzulänglichkeit nicht entfliehen. Je weniger dies gelingt, desto mehr schiebt sich die Schraube tiefer mit der immer wieder einbrechenden, quälenden Frage, ob denn die religiösen Übungen genug waren. Immer wieder stößt seine Heilsangst die Tür zum Zweifel auf: wieder nicht genug? Hinter allem steht die Grundfrage: Wie gewinne ich einen gnädigen Gott? Und er kommt nicht davon los, dass man von Gott nichts geschenkt bekommt, sondern dass man sich Gottes Zuneigung zu verdienen hat. Diese Wenn-dann-Struktur hat schon in jenem bezeichnenden Gewittererlebnis ihren Ausdruck gefunden, als er Gott verspricht, in einen Orden einzutreten, *wenn* er aus dieser Situation heil herauskomme. Und Luther erfüllt dieses Gelübde konsequent. Aber je mehr er auf diese Weise mit Gott umgeht, je mehr er sich abfordert, desto deutlicher wird ihm auch, dass dies alles nicht gelingen kann. Die Liebe des unendlichen Gottes kann nicht mit endlichen Mitteln erworben werden. Man kann sich Gottes Liebe nicht verdienen.

Gibt es einen Ausweg aus diesem Dilemma? Dreht sich diese Spirale nämlich immer weiter nach unten, dann bleibt am Schluss nur noch der zwanghaft-paranoide Wahnsinn, oder aber man muss sich der Magie ergeben, indem man daraus ein Spiel macht, diese Wenn-dann-Beziehung zu Gott so in die Hand zu nehmen, dass man damit Gott selber austrickst: Wenn ich das und das tue, dann kann Gott gar nicht anders, als so und so mit mir zu verfahren. Mit jedem Wenn-dann, das Gott angeblich dem Menschen auferlegt, gewinnt Letzterer seinerseits gerade mit der Erfüllung dieses Wenn-dann einen Zugriff auf Gott selbst. Ein solches Verhalten Gott gegenüber nennt Paulus Hybris und Selbstruhm des Menschen (vgl. Gal 6,3 und 14), zwar mit dem schönen Gefühl des Menschen, Gott gegenüber eine Leistung zu erbringen, aber im Sinne eines Verrechnungszusammenhanges und nicht einer lebendigen Beziehung der Freundschaft und des Vertrauens. Genau das ist das Problem des Petrus: nicht, dass er den anderen nicht die Füße wäscht, sondern dass er sich von Jesus nicht die Füße waschen lässt. Jesus antwortet: „Werde ich dich nicht waschen, so hast du keinen Teil mit mir" (Joh 13,8, nach der Lutherübersetzung), wobei sich diese Bedingung nicht auf die Liebe, sondern auf die Erfahrung der Liebe in diesem Dienst und auf die von daher mögliche Gestaltung des eigenen Dienstes bezieht. Sich bedingungslos lieben zu lassen ist nicht einfach.[9]

Luther kann noch rechtzeitig aus dieser letztlich alles zerstörenden Dynamik aussteigen. Es kommt zur Wende. Beim Studium der Paulusbriefe fällt es wie Schuppen von seinen Augen: Man kann sich die Liebe Gottes nicht verdienen, und man braucht dies auch gar nicht, weil sie längst durch Jesus Christus „verdient" ist. Hier schlägt das Herz der Reformation, hier ist die tiefe religiöse Erfahrung, die alles Weitere trägt. Hier bringt Luther den Kern der christlichen Botschaft zum Vorschein. Er entdeckt auf schmerzlichem Weg und darum umso erlösender etwas, was leicht vergessen werden kann und was alle angeht. Luther erfährt die beglückende Einsicht: Nichts, gar nichts muss ich tun, damit mich Gott liebt. Er liebt mich unbedingt, ohne Bedingungen, und zwar als Sünder, noch bevor ich mich verändert habe. Nicht ein Wenn-dann, sondern ein Ohne-Wenn-und-Aber bestimmt diese Beziehung. Was für eine Befreiung: Gott ist nicht eine Belastung, sondern eine Entlastung im Leben, er fordert nicht erst, sondern er schenkt. Seine Gnade ist voraussetzungslos. Und darin liebt er das Gegenteil seiner selbst, nämlich die sündigen Menschen. Diese Anerkennung und Liebe umfasst die Menschen nicht ausschließlich, sondern einschließlich ihrer dunklen Schattenseiten. Denn was nicht angenommen ist, ist auch nicht erlöst. Luther erkennt: Es ist ein Wahn, sich Gottes Liebe erwirtschaften zu wollen. Gott liebt bedingungslos, jeden Augenblick neu.

So findet Luther den gnädigen Gott. Und diese Erfahrung erfasst ihn so sehr, dass sich dabei auch seine Psyche verändert. Die zwanghaften Ketten fallen ab, und er fühlt sich als Freigelassener. Das ist die evangelische Grunderfahrung, die auch viele Gläubige, viele Heilige und nicht zuletzt auch Theologien in den Kirchen geprägt hat und prägt.

1.2 Gnade als Rechtfertigung

Gnade ist ein ziemlich heikles Wort. Kommt es doch aus der feudalen Welt, wo der König Gnade *vor* Recht ergehen lässt. Ein Verurteilter müsste eigentlich von Rechts wegen bestraft werden. Der König aber setzt die Strafe aus und begnadigt ihn. Allerdings kann der König auch Ungnade vor Recht ergehen lassen. Dies macht deutlich, wie sehr die Gnade in diesem Zusammenhang ein Willkürakt des Herrschers ist. Dieses Missverständnis kann sich aber nicht einstellen, wenn man den Gedanken des Apostels Paulus genauer nachgeht. Denn er formuliert diese Gnade weniger im Bereich der Barmherzigkeit Gottes als im Bereich seiner Gerechtigkeit. Es ist nicht so, als ob Gott eigentlich gerecht wäre und bestrafen müsste, aber dann doch mit seiner Barmherzigkeit Kompromisse eingeht und Gnade walten lässt. Vielmehr ist die Gnade selbst ein Vollzug seiner Gerechtigkeit, also kein Willkür-, sondern ein Rechtsakt. Die Gnade ist nicht die Ausnahme, sondern die Regel, von der es keine Ausnahmen gibt.

So kann Paulus sagen: Gott rechtfertigt die Menschen *als* Sünder und Sünderinnen, er *spricht* sie gerecht, obwohl sie unrecht tun, oder, besser: weil sie von sich aus nicht gerecht sind. Luther bringt dies auf die faszinierende Formel: gerechtfertigt und Sünder*in zugleich! Übertragen auf die Gerichtswelt, würde dies bedeuten: Da wird jemand verurteilt und nicht etwa begnadigt, sondern im Urteil selber und gleichzeitig damit gerechtgesprochen. Hier ergeht nicht Gnade vor Recht, sondern göttliches vor menschlichem Recht.

Die Menschen sind *mit* ihrer sündigen Seite gerecht gesprochen. *Als* Sünder und Sünderinnen werden sie in ihrem Lebens- und Überlebensrecht rehabilitiert, und Gott kann die Sünde der Menschen nie zum Anlass nehmen, ihr Leben zu schädigen oder zu beseitigen. Die Sintflut kann nicht mehr geschehen. Der Bogen des neuen Bundes läuft nicht mehr über das vernichtende Strafgericht, sondern über Gericht und Freisprechung, über die Rechtfertigung des Lebensrechts der Welt und der Menschen (vgl. Gen 8,21–22; 9,11 und 15). Der Verfluchte ist Gottes Augapfel.

Mit dem Gerichtsakt der Rechtfertigung ist von Gott her garantiert: Gottes Liebe uns gegenüber ist weder Laune noch Herablassung, sondern ein „Rechtstitel“. Dies klingt verrückt, denn darin setzt Gott sein Geschöpf ins Recht, von ihm geliebt zu werden. Was wir Menschen gegenüber nie haben könnten, haben wir Gott gegenüber: ein von ihm selbst verbrieftes Recht darauf, von ihm geliebt zu werden. Damit gibt Gott den Menschen das Recht der Einklage, von Gott geliebt zu werden: Warum erfahren wir dich nicht als Liebe? (vgl. Ps 22). Wenn du uns schon ins Dasein setzt, dann hoffentlich aus Liebe und nicht aus der grausamen Lust am Leben, um zuzuschauen, wie es sich vernichtet und zu Grunde geht. Wie man sich Gladiatoren hält, damit sie sich zum Vergnügen des Kaisergottes zerstören.

Gott verzichtet auf jedes Wenn-dann den Menschen gegenüber und erfüllt damit die wichtigste Bedingung seines Geschöpfs, um an einen guten Gott glauben zu können. Ohne diese Liebesleistung Gottes kann man Gott vergessen, ja muss man ihn bekämpfen, sollte er tatsächlich als solcher Willkürgott und damit als Satan existieren. Das ist die asymmetrischste Entsprechung, die es gibt und die allein Gott einen guten Gott sein lässt: Der Mensch muss keine Werke leisten, um von Gott von Geburt an geliebt zu werden, Gott aber muss das Erlösungswerk für die Menschen setzen, um angesichts des faktischen Unerlöstseins das Vertrauen, den Glauben eben, der Menschen zu gewinnen und zu ermöglichen.

Gottes Liebe ist Leben, auch über den Tod hinaus. Wir haben ein Recht auf die Schöpfung und ein Recht auf die neue Schöpfung. Nicht weil wir uns dieses Recht genommen hätten, sondern weil Gott es zugesprochen hat, dürfen wir es beanspruchen. Hier geschieht so etwas wie eine nachträgliche Wurzelheilung, wie ein „Ausgleich" für diese auch zerstörende Schöpfung, in der wir ohne Sünde nicht leben können, für die schlimmen Verhältnisse der Ungerechtigkeit, der Gewalt und des Todes, in denen wir nicht ohne Leid leben können. Weder als Sündige noch als Leidende werden die Menschen vor Gott rechtlos oder würdelos. Wenn sie sündig werden, verlieren sie nicht das Recht, von Gott geschützt zu werden. Und die Bedrängten bekommen auch dann das Recht, Gott im Leid anzurufen und anzuklagen,[10] wenn sie selbst sündig sind. Denn niemals mehr können Sünde oder Aufbegehren zur Rechtfertigung dafür dienen, den Menschen Leid oder gar den Tod zuzufügen. Gnade Gottes erfahren bedeutet, dass die Menschen Gott diese Unbedingtheit seiner Liebe sich gegenüber zutrauen und dass sie diesbezügliche Blockaden, die sie durch ihre Missgunst und Kleinkrämerei zwischen sich und Gott aufrichten, abbauen.

1.3 Realistische Wahrnehmung

Wenn weder Umkehr noch gute Werke „eine Bedingung der Gerechtigkeit des Menschen vor Gott" sind,[11] wenn Gott also die sündigen Menschen als solche rechtfertigt, dann rechtfertigt er nicht die Sünde. Gott heißt nicht das Böse gut, vielmehr hasst er die Sünde, weil sie immer Zerstörung und Tod um sich verbreitet. Gerade deshalb will Gott aber auch die Zerstörung und die Vernichtung der Sünder und Sünderinnen nicht. Jede Leben einschränkende oder Leben zerstörende Strafe verschärft immer nur das Problem sowohl des Leidens und des Todes wie auch der darin gesteigerten Unmöglichkeit der Menschen, sich für die Liebe und für die Gerechtigkeit zu öffnen. Rechtfertigende Gnade Gottes bedeutet also nicht, dass Gott zu uns sagte: Du bist eigentlich kein Sünder bzw. keine Sünderin. Die Täter werden nicht verharmlost und auch nicht therapeutisiert. Um der Leiden willen, bewirkt vom Bösen und von der Gewalttätigkeit der Menschen, darf dies niemals geschehen. Es wäre die schlimmste Missachtung der Opfer. Die Sünde wird offengelegt in all ihren verschleierten Verästelungen und in ihrer offensichtlichen Monstrosität. So erkennt Luther: Sünder sind wir alle, das ist wahr! Aber dieser Schuldspruch wird nicht zum Straf- oder gar Todesurteil. Auf Dauer ist gegen das Schlimme kein anderes „Kraut" gewachsen als die niemals zurückgezogene Liebe.

Nicht dass man sich vor Gott selbstherrlich, als ob man keine Sünde hätte, hinstellen könnte wie jener Pharisäer im Tempel, sondern dass man sich vor Gott hinstellt wie jener Zöllner, der sich seiner Sündhaftigkeit bewusst ist und sich gerade deshalb nicht vor Gott zu verstecken braucht (vgl. Lk 18,11 bzw. 13). Dahinter steht kein pessimistisches, sondern ein realistisches Menschenbild. Wer das furchtbare Elend sieht, das sich Menschen antun, in Vergangenheit und Gegenwart, kann nicht mehr davon sprechen, dass die Menschen doch eigentlich nicht so schlimm seien. Sie sind schlimm genug und können überall schlimm werden, wenn sich die Verhältnisse entsprechend verändern und die Lizenz zur Schädigung und zur Vernichtung von Menschen oder Menschengruppen ausgegeben wird.

Wer sich Gottes Gnade aussetzt, entdeckt vielmehr auf dem Hintergrund der unverdienten und umfassenden Rechtfertigung der Existenz, also des Lebens jetzt und über den Tod hinaus, umso intensiver, dass er/sie im Bösen, in der Schädigung vieler Menschen, verhaftet ist und dass es die rechtfertigende Gnade Gottes nicht ohne den Schuldspruch Gottes gegenüber den Menschen gibt.

Genau dies gibt den Menschen die Möglichkeit, sich vor Gott und vor sich selbst nicht mehr verstecken zu müssen, wie es Adam und Eva nach dem Sündenfall tun (vgl. Gen 3,8). Gott kennt die Menschen und erkennt sie als sündig, aber nicht nur verurteilend, sondern auch frei- und gerechtsprechend. Ihr Gutsein ist nicht die Bedingung seiner Gnade, aber die Gnade ist die Bedingung für ihr Gutwerden. Wer dagegen immer gut dastehen muss, um Achtung und Selbstwert zu erfahren, wer die abgrundtiefe Anfälligkeit für Missgunst nicht „wahr"haben darf, bei dem und bei der wachsen unter der Decke umso größere Aggressionen heran, die dann in bestimmten kritischen Augenblicken umso unkontrollierter und zerstörerischer hervorbrechen. Und dies alles gilt von einzelnen Menschen (und ihrem Egoismus) genauso wie von Gruppen (und ihren Ausgrenzungen) und Völkern (und ihren Chauvinismen). Wer die eigenen dunklen Seiten verdrängen muss, muss sie in die anderen hineinverlegen und dort zerstören. Wer groß dastehen will, muss die anderen kleinmachen. Wer die eigenen Grenzen und Schwächen verheimlichen muss, muss dies meist auf Kosten der anderen tun, und er tut dies mit entsprechenden Selbstrechtfertigungen. Und so steigert man sich in die Hölle der Selbstrechtfertigungen hinein, immer auf Kosten derer, denen dabei Recht entzogen wird. Selbstrechtfertigung und Entsolidarisierung sind die zwei Seiten der gleichen Medaille.

Wir müssen uns aber nicht rechtfertigen, wir können es gar nicht: Gott hat dies längst getan. Und er tut dies in jeder Sekunde neu. Mögen wir noch so sehr fallen, mögen wir uns als noch so unwürdig erweisen, er macht seine Liebe davon nicht abhängig. Sage niemand abfällig, dies sei „billige" Gnade! Denn diese Billigkeit für uns Menschen ist mit Gottes „teuerstem" Solidareinsatz bezeugt: in seiner Menschwerdung im Leben, Leiden und Sterben des Jesus von Nazareth.

1.4 Nur Liebe hilft auf!

Die „Erbsünde" ist weniger ein Glaubensartikel denn eine Wirklichkeitsbeschreibung: Gewalttätigkeit, Vernichtungswünsche, Hass, Neid und Missgunst stecken zu tief in uns und brechen immer wieder hoch, im Einzelnen wie im Kollektiven. Aber *das* verhindert die Gnade Gottes: dass diese Selbsterkenntnis zur Erniedrigung und Verkleinerung des Menschen führt. Wenn es eine Hoffnung auf Veränderung des Menschen gibt, dann nicht über die kalten Vollzüge der Bestrafung und der Forderung, sondern dann sind die Zusammenhänge anders zu denken: zuerst die Gnade, dann die Verantwortung; zuerst wird uns das Leben geschenkt, dann kommt die Gestaltung; zuerst erfahren wir Gnade in Freundschaft und Liebe zwischen den Menschen, dann folgt daraus die Aufgabe, die Beziehungen in Zuverlässigkeit und Treue zu gestalten.

Gott fordert nichts, wofür er nicht die Ermöglichungen geschenkt hat oder schenken wird. In unserem Glauben kommt nun alles darauf an, dass wir ihm diese Gnade uns gegenüber abnehmen, ihrer „inne“werden, sie mit dem Herzen auf uns beziehen und nicht selber verdunkeln. Letzteres geschieht schon, wenn gestresste Eltern oder Erzieher*innen den Kindern damit drohen, dass Gott sie bestrafen werde, wenn sie jetzt nicht gehorchten. Gott ist kein Erziehungsmittel, sondern Beziehungswirklichkeit fern von Strafe und Drohung. Auch die Christenheit ist immer wieder in den Fehler verfallen, Gott mit den eigenen Wenn-dann-Kategorien und Strafprojektionen zu verdunkeln.

Wenn Gott die Menschen als Sünder und Sünderinnen in seine Anerkennung und Liebe aufnimmt, kann das dann nicht auf Seiten der Menschen zur großen Versuchung führen: Wenn mich Gott als Sünder oder Sünderin liebt, dann kann ich ja tun, was ich will? Denn ich kann niemals aus der Liebe Gottes herausfallen. In der Tat: Wer so spricht, hat die Liebe Gottes durchaus verstanden, aber er hat sich noch nicht in sie hineinbegeben, sonst könnte er so etwas nicht sagen. Er steht noch außerhalb, benutzt die Liebe Gottes als Instrument gegen ihn, anstatt aus ihr heraus zu leben. Gott kann nichts dagegen tun. Dies zeigt eindrucksvoll die Geschichte Jesu über den barmherzigen Vater und den verlorenen Sohn (vgl. Lk 15,11–32). Der Vater lässt den Sohn ziehen. Aber seine Liebe bleibt und geht mit ihm. Sie wartet auf seine Rückkehr. Und sie bliebe auch, wenn er nicht zurückkehrte. Eigentlich dürfte man auch hier nicht nur vom barmherzigen Vater sprechen, sondern von dem Vater, der dem weggehenden Sohn sein Recht erhält und sichert: sein Recht, wegzugehen, sein Recht auf Heimkehr, sein Recht auf ein Leben zu Hause, sein Recht auf Rettung beim Vater, auf seine Anerkennung und Geborgenheit. Aus Gottes Wesen heraus gibt es nur einen Weg, die sündigen Menschen zu bekehren und zu retten, nämlich den einer rechtlich gesicherten, unendlichen Ausdauer in Liebe.

2. Erweiterte Reform

Das 500. Reformationsgedächtnis am 31. Oktober 2017 ist vom bisher Gesagten und aus vielen anderen Gründen ein großes Fest für die Gnadengeschichte des Christentums und für die Freiheitsgeschichte Europas. Daran ist nichts zu schmälern, auch nicht daran, dass diese Erinnerung für die Zukunft zu mobilisieren ist.

Doch was die selbstkritische Zukunft der Religionen und ihre universal solidarisierende Verantwortung anbelangt, wäre von den Kirchen gemeinsam eine darüber hinausgehende Gedächtnisarbeit anzustrengen, die die auch von

Martin Luther nicht gänzlich beseitigten Zwiespältigkeiten religiösen Glaubens nach innen und nach außen angeht. Im katholischen Bereich durchaus mit dem Blick auf das 50-jährige Jubiläum zum Abschluss des Zweiten Vatikanischen Konzils zwei Jahre zuvor (am 8. Dezember 2015), gewissermaßen der katholischen „Reformation", wo der Finger auf die neuralgische Stelle des Verhältnisses von universalem Heil und christlichem Glauben, von entgrenzender Solidarität und abzugrenzendem religiösem Eigengut gelegt wurde, bis heute mit schmerzenden Turbulenzen.

Für die heute geschärfte Problematik der Religionen ist charakteristisch, was Frank-Markus Barwasser in der Sendung „Pelzig hält sich" am 7. Oktober 2014 in die Frage gekleidet hat: „Mal grundsätzlich nachgedacht. Wenn man sich überlegt, was im Namen von Religionen schon an Verbrechen passiert ist in dieser Welt, auch der christlichen, wäre die Welt vielleicht besser ohne Religion?" Das Publikum hat heftig geklatscht! Man traut den Religionen offensichtlich wenig Gutes und alles Schlechte zu. Es gibt ja auch eine jahrtausendelange Gewaltgeschichte der Religionen, auch der christlichen Kirchen, die bitter in die Kriege der Gegenwart hineinreicht. Dahinter steht eine theologische *Vernachlässigung des Ethischen* genauso wie ein hinter der Fassade der Liebesrhetorik dräuender *Drohungsgott*. Zuerst zum Ersteren.

2.1 In Wort und Tat

Die „Reformation"[12], die der Messias gegenüber seinen Gegnern zur Geltung gebracht hat, ist hauptsächlich in einem bestimmten Verhältnis von Wort und Tat, von Glaube und Erfahrung zu finden. Dementsprechend leistet sich Jesus selbst keine Rede von Gott außerhalb konkreter, heilender und rettender Begegnung. Er spricht vom Reich Gottes, wenn er in der Begegnung mit Armen, Stigmatisierten und Schwachen seine Heilsbotschaft im Heilen tut bzw. indem er den Sünder*innen Gottes Vergebung zuspricht. Er spricht auch vom Reich Gottes, wenn er sich in seinen Reden und Gleichnissen mit den Armen und Leidenden solidarisiert: Wenn ich mit dem Finger meiner Hand heile, schlimme Entfremdungen austreibe und wenn ich gegen die Marginalisierung der Leidenden und Ausgegrenzten spreche und handle, dann ist das Reich Gottes zu euch gekommen! (Vgl. Lk 11,20).

So wird in seinem Tun wie in den Geschichten, die er erzählt, der Rede von und mit Gott eine unmissverständlich praktische Eindeutigkeit verschafft. Diese Geschichten verdrängen nicht, sondern nehmen die leidende Welt auf und erzählen eben darin das Wirken Gottes unter den Menschen, welches sich immer wieder auf den elementaren Widerspruch zwischen denen, die Leid schaffen, und denen, die das Leid bekämpfen, konzentriert und sich in diesem Widerspruch aufreibt.

So weist Jesus auf die Anfrage Johannes' des Täufers die „Wahrheit" seines Evangeliums dadurch aus, dass er ihn in Anschluss an Jesaja seine heilenden Taten berichten lässt: „Blinde sehen wieder, Lahme gehen und Aussätzige werden rein; Taube hören … und den Armen wird das Evangelium verkündet" (Lk 7,22). So wird der wiederkommende Herr uns danach fragen, ob wir ihm in den Hungernden zu essen gegeben haben oder ob wir ihn als den Fremden aufgenommen und als den Kranken besucht haben (vgl. Mt 25,31–46). Glaubensfragen werden nicht gestellt, allenfalls die Frage, ob man daran geglaubt hat, dass es weniger auf den Glauben denn auf die Früchte des Glaubens (vgl. Mt 7,16) ankommt.

So ist der Ketzer in der Samaritergeschichte der Gerechtfertigte, weil er dem Leidenden hilft; und der Priester, auf den Tempel fixiert, um dort den „eigentlichen" Gottesdienst zu vollziehen, hat nichts verstanden (vgl. Lk 10,25–37). So stellt Jesus den Mann mit der verdorrten Hand in die Mitte der Synagoge, wo sonst die Tora-Rolle, das Wort Gottes selbst, Platz hat, um ihm dort heilend zu begegnen (vgl. Mk 2,27–3,6). Und auch die Geschichte vom Messiasbekenntnis des Petrus und von seiner Flucht vor der riskanten aktiven Messiasnachfolge (vgl. Mt 16,13–27) gehört hierher: Für das Bekenntnis wird Petrus als der „Fels" der Kirche seliggepriesen, für die Flucht vor der realen Nachfolge des sich hergebenden und gewaltlosen Messias wird er als Satan betitelt.

Auch der tödliche Konflikt entzündet sich an der unversöhnlichen gegensätzlichen Praxis der Kontrahenten, die sie mit dem Gottesbegriff verbinden. So heilt Jesus die durch die Menschen produzierte Sprachzerstörung bezüglich des Gottesbegriffs, indem er diesen Begriff durch seine eigene Geschichte aus der paradoxen Kommunikation herausholt, in der die Rede von Gott mit einer ihm widersprechenden Praxis der Unterdrückung und Zerstörung der Menschen verbunden wird. Wer seiner „Geschichte" nachfolgt, beteiligt sich selbst nicht nur an der Wiedergewinnung einer möglichst authentischen Gottesrede, sondern gleichzeitig an der Verwirklichung von Gottes Absichten im Leben und Handeln der Menschen: als universale Solidarität gegenüber benachteiligten und von Leid und Schmerz betroffenen Menschen und als politischer Kampf für die Verwirklichung ebenso universaler Menschenrechte.

So bleibt der Einsatz für die praktische Eindeutigkeit des Glaubens zugunsten aller Menschen und Völker. Es gilt, sich konsequent, nachhaltig und unbeirrbar für jene Reformation des christlichen Glaubens einzusetzen, wie ich sie hier im Sinne eines ganzheitlichen Reformationsverständnisses vertrete, sie sozusagen in die Mitte stellen möchte, wie Jesus die Kinder und den behinderten Menschen in die Mitte gestellt hat.

Beide Dimensionen, Wort und Tat, haben eine gleich ursprüngliche Bedeutung im Doppelgebot der Gottes- und der Nächstenliebe, wobei die Letztere der Ersteren an Bedeutung und Wichtigkeit gleich ist (vgl. Mt 22,37–39). Sie gehören zusammen, aber nicht so, dass sie sich gegenseitig instrumentalisieren, sondern gegenseitig erschließen. Damit binde ich nicht den Wahrheitsgehalt der christlichen Botschaft kausal an die Tatfähigkeit der Gläubigen (dies ist vielmehr eine Frage der christlichen Authentizität der Gläubigen selbst). Vielmehr ist diese Wahrheit als alle Erfahrungen der Menschen übersteigendes Gegenüber zu begreifen, welches prinzipiell mit allen Erfahrungen der Menschen zu tun hat, auch mit dem Versagen und mit der Schuld. Das Verhältnis zwischen Wort und Tat kann also nicht nur in analoger Entsprechung gesehen werden, sondern auch in dessen Durchbrechung und in der Überbietung aller menschlichen Tat durch das Wort der Gnade. Genau dafür steht die Rechtfertigungstheologie. Dies ist allerdings eine Überbietung, die die guten Taten nicht bremst, sondern umso heftiger in Bewegung setzt.

Dies sind in der Tat die zwei klassischen Möglichkeiten, zur christlichen Existenz zu gelangen: erstens über Erfahrungen des Glaubens, welche das Leben tatkräftig verändern, und zweitens über tatkräftige Veränderungen des

Lebens, welche den Glauben an sich ziehen. Zwei Wege, die hinreichend in der Bibel präsent sind, insbesondere im Leben und in den Reden Jesu (vgl. Mt 22,36–40; 6,1–4). In beiden Fällen drängt so etwas wie eine unausweichliche Bestimmung (oder Berufung), eine Art Evidenz ins Leben, so oder so, mit einer Unabweisbarkeit, die nicht mehr loslässt. Viele Menschen haben entsprechende Erfahrungen, in und außerhalb der Kirchen. In beiden Fällen vertieft sich das Leben: von der Solidarität Gottes uns gegenüber zur Solidarität mit dem Menschen, von der Solidarität mit dem Menschen hin zur Hoffnung auf die unendliche Macht der Liebe.

2.2 Bedeutung der Werke

In diese Richtung wäre auch Luther mit Luther, der die christliche Tat durchaus hochschätzt, über Luther hinaus, insofern er die Werke aus dem Kern der Gottesbeziehung heraushält, zu „reformieren". Vor allem Melanchthon hat die Notwendigkeit der guten Werke betont, nicht als Bedingung, sondern als Frucht der Rechtfertigung. Doch der Verdacht, ob nicht dann doch die Werke eine Bedingung des Heiles seien, führte jahrhundertelang zu heftigen Auseinandersetzungen. Denn was für eine Notwendigkeit sollten sie über die abgelehnte Notwendigkeit ihrer Heilsbedingung hinaus haben?[13]

Der Streit erfolgte zwischen den beiden Polen: auf der einen Seite, dass niemand durch schlechte Werke selig werde (so der Melanchthon-Schüler Georg Major), die guten Werke seien also notwendig, um die in der Rechtfertigungsgnade geschenkte Seligkeit nicht zu verlieren; und auf der anderen Seite, dass gute Werke für die Seligkeit geradezu schädlich seien, weil sie zum Verdienstdenken verführten (so Luthers enger Mitarbeiter Nikolaus von Amsdorf).

In diesen Horizont gehört die Einsicht des evangelischen Exegeten Ernst Käsemann: „Gnade, die nicht tätig wird, ist Einbildung.“ Käsemann wiederholt hier, was Georg Major (1502–1574) bereits vertreten hat, nämlich dass die guten Werke zwar kein die Rechtfertigung verdienendes Verdienst seien, dass sie aber der Rechtfertigung verdankt sind und dass, wenn diese Ausrichtung des Lebens fehle, dann der Glaube tot und falsch und eine Erdichtung, also eine Einbildung, sei.[14] Aber: Wenn die Werke notwendig sind, um das Heil nicht zu verlieren, ist es nur ein kurzer Weg zu ihrer Heilsbedeutsamkeit. Und wenn die Gnade nicht auch dann erhalten bleibt, wenn sie nicht zu guten Werken führt, erreicht sie nicht die „objektive“ Tiefe der Liebe Gottes. Gnade ist auch dann keine Einbildung, wenn sie nicht im Glauben und in der Liebe tätig ist.

Das Dilemma kann nur dadurch geklärt werden, dass die Werke eine Bedeutung *im* allem vorgängigen Heilsgeschenk haben, insofern sie nicht die Macht haben, dass die Menschen das Heil verlieren, wohl aber die Macht, dass sie das Heil unterschiedlich erfahren. Als Bedingung für die Gottesliebe haben die Werke jedenfalls keine Bedeutung. Gleichwohl haben sie eine, dann andere, Bedeutung im Gottesbezug. Und zwar keine geringfügige, wofür Texte wie die Weltgerichtsrede Mt 25 stehen (ich war krank, und du hast mich besucht). Denn gerade weil die Liebe Gottes universal allen Menschen gilt, gewinnen darin die guten bzw. schlechten Werke ihr geradezu maßloses Gewicht, weil sie im Horizont der maßlosen Liebe Gottes eine über alle Maßen gegensätzliche Bedeutung gewinnen.

Vom Jüngsten Gericht her formuliert: Weil die Täter*innen zerstörerischer Werke sich mit der dann unblockiert erfahrenen Liebe Gottes gerettet und zugleich konfrontiert sehen, erfahren sie einen Schmerz, der bis in die Ewigkeit der göttlichen Liebe hineinreicht. Dies ist eine Rechtfertigungsgnade, die nicht Böses ungeahndet rechtfertigt, ebenweil sie den Gegensatz zwischen Gut und Böse unendlich vertieft, was sich in den gegensätzlichen Reaktionsweisen zwischen Schmerz und Freude (auch abwechselnd in einer Person) auf diese Gnade widerspiegelt. So gilt: verurteilt und gerettet zugleich, mit den entsprechenden Auswirkungen bei den Menschen. Diese Auswirkungen sind keine Bedingungen für das erfahrene Heil der unendlichen Liebe Gottes, sondern die Folgen aus dieser beseligenden Erfahrung. Endzeitlich gesehen sind die Werke also von programmatischer theologischer Bedeutung, weil sie in der Gnade und durch sie den Gegensatz zwischen Leiderfahrung und Leidzufügung in der unendlichen Tiefe Gottes selbst verankern und offenlegen.

Die Rechtfertigung des Menschen durch Gott gibt also auch einen Vorschein auf das künftige Gericht. Alles wird aufgedeckt. Keine Sünde wird unter den Tisch fallen, und wir alle werden angesichts der von uns Geschädigten zur Rechenschaft gezogen werden. Und der Reueschmerz der Übeltäter und Übeltäterinnen wird in unvorstellbarer Weise dem Schmerz „entsprechen", den sie zugefügt haben. Aber nicht als von außen auferlegte Strafe, sondern weil es ihnen zutiefst leidtut.

Das „Entsprechen" meint nicht eine gleichgewichtige „ausgleichende" Gerechtigkeit. Es ist vielmehr eine Entsprechung, die der Gnadendynamik des unerschöpflichen Übermaßes an göttlicher Liebe entspricht, wo alle Vergleichbarkeit aufhört, wo das angesichts der Opfer des eigenen Handelns „nachträglich" geschenkte Mitleiden in eine für uns unvorstellbare Verbindung von Schmerz und Seligkeit hineingetrieben wird, die gar nicht aufhören will. Die verrückte österliche Vorstellung der „felix culpa", der „glücklichen Schuld", mag dafür eine Spur sein. Dies darf nicht als „ewiger" Psychoterror" verstanden werden, sondern ist ein Vollzug der Seligkeit selbst, einer Seligkeit, die nie auf das Vergessen angewiesen ist. Es ist ein Segen, derart mit der eigenen Vergangenheit und den Betroffenen ins Gute zu kommen.

In diesem Szenario, dessen Formulierung hier nur flach sein kann angesichts der mit dieser Rede unähnlichen, unvorstellbaren Verwirklichung dieses Gerichtes, kann man die Hoffnung aufbringen, dass die Opfer in dieser den Gegensatz zwischen Leiderleiden und Leidzufügen nie verkleinernden, sondern bis zum Äußersten aufreißenden Liebe Gottes zugleich mit Christus hineingenommen werden in die Kreuzesbitte Jesu um Gottes Vergebung für die Täter, so dass ihnen aus dieser unvorstellbar unerschöpflichen Liebe Gottes heraus die Gnade für eine völlig unwahrscheinliche Versöhnung geschenkt wird.

Auf der anderen Seite dürfen sich Menschen, die in Liebe und Solidarität gelebt haben, in unendlicher Freude und Bestätigung angesichts der betreffenden Personen und angesichts der unendlichen Liebe Gottes als Resonanzkörper dessen erfahren, was sie an Liebe und Solidarität geschenkt haben. Das Gericht ist das Ereignis großer Freude- und Schmerzbewegungen der Menschen im Horizont der unerschöpflichen Liebe Gottes und angesichts ihres bisherigen Lebens: Freude und Schmerz, je nachdem, wie sie in diesem Leben mit der Liebe umgegangen sind.

Angesichts der unendlichen Versöhnungsmacht Gottes wird wohl kein Mensch sich gegen Gott richten, zumal er gerade an diesem tiefsten Grund von Liebe und Freiheit, der Gott selbst ist, unüberbietbar erkennen und erleben wird, wie sehr sein Leben von Gott getragen ist. Dann erst kann rundum erlebt werden: „Ihr seid zur Freiheit berufen“ (Gal 5,13).

Derart wird Gottes Rechtfertigung auch im letzten Gericht nicht haltmachen. Wir werden Furcht haben dürfen vor dieser Konfrontation mit uns und mit dem, was wir anderen entzogen und zugefügt haben. Die Verurteilung wird stattfinden, aber es werden keine ewigen Todesurteile ergehen. Zum letzten Mal wird sich endgültig und universal die Rechtfertigung der Menschen durch Gott durchsetzen: als ihr Lebensrecht in ein Leben hinein, das rundum in Gottes ewige Gnade hinein aufgenommen wird und sich auch rundum in Gottes Wirklichkeit einer Freiheit, die in unerschöpflicher Liebe wurzelt, und einer Liebe, die in unendliche Freiheit mündet, hineinbegibt.

Der berechtigte Kampf Luthers gegen Werkgerechtigkeit ist nicht schattenlos, er hat den Schatten, die Gottesbeziehung wichtiger zu nehmen als die Menschenbeziehung. Doch knirscht diese Position mit Jesu Einwand, dass das Menschengebot dem Gottesgebot gleich sei. Auch sind die Lohnmetaphern in den Evangelien nicht einfach zu übersehen, in denen ein ganz bestimmtes Verhältnis zwischen hiesigen solidarischen Werken und künftiger Begegnung mit Gott im Gericht hergestellt wird. Für beides allerdings, für Glaube und Werke, gilt – und das ist der bleibende Einspruch Luthers –, dass sich diesbezüglich die

Menschen nicht selbst rühmen können und dürfen. Denn beides ist immer zuerst Geschenk und Gnade und erst von daher ermöglichte Eigentätigkeit der Menschen.

Die lauten historischen Geräusche lehrorientierter Reformationen übertönen viele *andere* Reformationen der Kirchen. Letztere benötigen in Zukunft einen Anschluss an starke kirchliche und gesellschaftliche Lautsprecheranlagen, nicht nur um der christlichen Identität der Kirchen willen, sondern auch um der universalen Solidarisierungsfähigkeit des Christentums, um der humanisierenden Zukunft der Menschheit und um eines für die Menschen befreienden Gottes willen. Dabei entdeckt man, wie sehr es in Kirchen solche bekannten und vergessenen Reformationsgeschichte(n) gibt (siehe unten Kap. Reformatorische Wegweisungen).

2.3 In der Gottesliebe

Nun zum Zweiten, zur Gottesbeziehung: Unschätzbar wertvoll bleiben Luthers Auseinandersetzungen und Entdeckungen im Glaubensvorgang, vor allem hinsichtlich seiner Gnadentheologie, der ich sehr viel für meine eigene Theologie verdanke. Doch die protestantische Freiheitsdynamik bleibt „Christenmenschen" vorbehalten, ereignet sich also als entsprechende Erfahrung in der *christlichen* Gottesbeziehung und damit im Bereich des Glaubens. Sie ereignet sich kaum als entsprechende Freiheit dem Glauben gegenüber, also nicht als straffreie Freiheit zum Nichtglauben.

Der darüber hinausgehende Ansatz läge in einer Gnadentheologie, in der die Rechtfertigung des sündigen und gottlosen Menschen die Unendlichkeitsqualität Gottes annimmt und für alle Menschen gilt. Weder Kirche (die katholische Versuchung) noch Glaube (die evangelische Versuchung) sind Bedingung und damit Ausgrenzungsräume des Erlösungsgeschehens. Diese Einsicht scheint in den christlichen Kirchen noch nicht Allgemeingut zu sein.

Wird die Rechtfertigung der Gottlosen aber radikal verstanden, dann gilt sie auch dann, wenn Menschen gottlos *bleiben*. Wie allen Menschen das Leben gratis gegeben ist, so ist Gott eine „Gratia", eine Gnade, eine Geschenktheit im Leben. Von daher bekommen die Gläubigen auch die Geschenktheit des Lebens, die von Gott kommt, wieder neu in den Blick: in der Kreativität und in der Liebe, in der Freundschaft und in der Solidarität im Leiden, wie *alle* Menschen sie erfahren und zu geben vermögen. Dies ist die Dauerdynamik, die die Schöpfung trägt, die Welt und Menschen am Leben hält. Dafür gibt es kein Wenn-dann, auch kein religiöses, etwa nach dem Motto: Wenn ich an Gott glaube und viel bete, dann liebt mich Gott mehr als die anderen. Gott hat dann vielleicht mehr Freude an mir, und andere schmerzen Gott mehr, aber die Liebe verliert nichts an Intensität. Dass jemand geboren wird, ist allein schon der Tatsache zu verdanken, dass Gott ihn oder sie aus Liebe ins Dasein gerufen hat, dass sie erwünscht und ersehnt sind, auch dann, wenn sie von den Menschen nicht gewollt und geliebt werden. Auch aus verständlichen Gründen nicht angenommenes (etwa durch Vergewaltigung entstandenes) Leben wird bei Gott nicht zugrunde gehen.

Was „bringen" dann aber Glaube und Gebet „zusätzlich"? Sie vermitteln das Angebot Gottes, diese Beziehung zu ihm ausdrücklich zu erleben und bereits hier und jetzt aus ihr das Leben zu gestalten. Denn dass Gott alle Menschen liebt, *bevor* sie davon wissen und diese Liebe auf ihr Leben beziehen, das ist eines. Ein anderes aber ist es, davon zu wissen, diese Beziehung tatsächlich zu erleben, in den Symbolen der Kirchen auf sich selber zu beziehen und von dieser Bereicherung her das eigene Leben bereichern zu lassen.

Im Glauben an Gottes rechtfertigende Gnade erleben wir diese bereits jetzt bewusst als Kraft, die unser Leben trägt und unserer Hoffnung Gestalt gibt. Es macht einen elementaren Unterschied, ob ich weiß, dass mich jemand liebt, oder ob ich nichts davon weiß. Wenn auch alle Menschen in die rechtfertigende Liebe Gottes aufgenommen sind, so dürfen Christen und Christinnen dennoch die besondere Erwählung auf sich beziehen, dass sie in der Offenbarung von diesem Gott *wissen*, ihn *benennen* und *ansprechen* dürfen und von einem solchen Glauben vor den Menschen Rechenschaft ablegen gegen alle anderen Glaubenspraktiken in und außerhalb der Kirchen, in denen die Menschen unterdrückt, verkleinert und in die Zwangsjacke gesteckt werden. Die rechtfertigende Gnade gilt allen Menschen, aber allein durch den Glauben erfahren wir, dass wir und die anderen gerechtfertigt sind.

Aus dieser erlebbaren Gnade heraus können wir unser Leben verändern, nicht weil es gefordert ist, sondern weil es aus dieser Beziehung heraus unser eigenes Anliegen wird. Wie es schon Menschen erfahren, wenn sie in Freundschaft und Liebe einander zugetan sind und zueinander sagen: „für dich tue ich alles“, wenn sie also füreinander Verantwortung übernehmen, weil diese Verantwortung unmittelbar aus dem Geschenk der Liebe und Freundschaft herauswächst.

In einem solchen Glauben ist die Liebe Gottes nicht an die Bedingung des Glaubens gebunden (dies wäre der Anfang einer Erzwingung, die in der Religionsgeschichte Millionen von Menschen schlimmster Gewalt ausgesetzt hat), sondern der Glaube ist die frohe Botschaft darüber und so die Bedingung dafür, etwas von dieser allen Menschen längst geschenkten Liebe Gottes zu wissen und aus diesem Glaubenswissen heraus zu leben.

Dieser Glaubensinhalt ist exklusiv gegen alle religiösen Anteile zu behaupten, die Glaube und Gott als Ausgrenzungsvokabel und als Legitimation für die soziale Degradierung, am Ende für die Vernichtung anderer benutzen. Es gibt also so etwas wie eine Exklusivität des Inklusiven in und zwischen den Religionen. Die christliche Religion vertieft diese Aspekte. Kirchlich-traditionell formuliert: Denn vom Kreuz her und von dieser stellvertretenden Sühne des Gottessohnes her sind alle in das erlösende Heilswerk Gottes aufgenommen.

Obgleich Jesus die Absicht hat, dass alle das Reich Gottes annehmen und gerettet werden, muss er das Scheitern dieser Verkündigung erleben. Am Kreuz hält die Welt den Atem an: Wird nun Gott die Welt, da sie seine Barmherzigkeit nicht angenommen hat, endgültig in den Abgrund stürzen lassen, oder ist seine Solidarität so groß, dass sie auch diesen Abgrund des menschlichen Neins zu Gott überwindet? Hierin liegt die entgrenzende Heilsbedeutsamkeit des Kreuzes, denn vom Kreuz her spricht Jesus das Wort: „Vater vergib ihnen, denn sie wissen nicht, was sie tun!“ (vgl. Lk 23,34). Nun gilt die Liebe Gottes nicht nur denen, die sie annehmen, sondern auch denen, die sie ablehnen, für die Täter, für die Sünder und Sünderinnen, und das sind immer wieder die Gläubigen selbst. Gott gibt die Gewalt als auch diese nochmals umfassende Liebe zurück. Vom Kreuz her ist Gottes versöhnende Liebe allumfassend, in unendlicher „Inklusion".

In einer Gesellschaft, in der fast alles von Bedingungen und Leistungen abhängig ist, ist es im Glauben selber eine große Befreiung, dass dort Liebe und Barmherzigkeit nicht von menschlichen Leistungen abhängig sind. Uns ist der Glaube geschenkt, dass alle Menschen von Gott unbedingt geliebt sind, noch bevor sie etwas dafür getan haben – als Schuldig-Gewordene, als religiös Gleichgültige, als Nichtchristen und Nichtchristinnen, als Atheisten und Atheistinnen. Die Pastoral besteht darin, den Menschen genau diese frohe Botschaft im Wort zu verkünden und im eigenen Leben erlebbar werden zu lassen: dass sie von Gott geliebt sind, und immer zunächst einmal ohne Wenn-dann und ohne Wenn und Aber. Dafür steht eine konsequente Auslegung der Rechtfertigungstheologie des Apostels Paulus.

Nach einer zum Teil blutigen Christentumsgeschichte im letzten Jahrtausend steht uns jetzt eine neue Missionsgeschichte bevor: nämlich Gott ohne Wenn-dann-Drohungen als das unendliche Geheimnis einer unbedingten Liebe zu verkünden, so sehr, dass darin Unendlichkeit und Unbedingtheit sich gegenseitig ins Unerschöpfliche steigern: semper maior, immer größer, als wir sie uns vorstellen können. Wie weit die Menschen dann auf diesen Glauben aufmerksam werden, sich in ihn hineinbegeben und von diesem Bewusstwerden, von Gott in dieser Weise geliebt zu sein, ihr Leben gestalten, liegt nicht in unserer Macht, sondern in der Kraft des Geistes Gottes selbst. Dieses Nicht-im-Griff-haben-Können und -Müssen dessen, was die pastorale Mission bewirkt, entlastet uns selbst vor

Gotteskomplexen und bewahrt die anderen vor Zwangsstrategien jeder Art.

Dies ist auch eine Auseinandersetzung innerhalb des Christentums selbst, wo weltweit insbesondere dessen fundamentalistische Anteile zahlenmäßig explodieren, die mit verschärften Ausgrenzungen operieren und die Ungläubigen, um sie vor der Hölle zu bewahren, mit psychischem Terror zu gewinnen versuchen. Es ist zu verführerisch, eine immer komplexere und pluralere Welt wenigstens religiös derart in ein Schwarz-Weiß-Korsett zu bringen und dieses auch noch mit einem dafür zurechtgestutzten ungöttlichen Gott, also einem Götzen, zu begründen. In der Heckscheibe eines Autos las ich: „Christus ist unser Retter. Glaube an ihn, damit du nicht in die Hölle kommst!" Hätte es nicht heißen dürfen: „Glaube daran, dass du von Gott geliebt bist, was immer du glaubst und tust!"?

2.4 Gedächtniskorrektur

Nimmt man beides, die radikale Solidarität und die bedingungslose Gnade, zum Maßstab für den Reformationsbegriff, dann erscheinen etliche „Reformationen" als zu wenig reformatorisch. Auf diesem Hintergrund müsste man die christliche Reformationsgeschichte etwas anders schreiben. Der Wartburgreformator des 16. Jahrhunderts grüßt dann respektvoll die Reformatorin, die 300 Jahre vorher auf der Wartburg lebte: Elisabeth von Thüringen (siehe unten Kap. Reformatorische Wegweisungen 1). Sie heilt das Verhältnis von Glaube und Lebensweise in einer ganz bestimmten kompromisslosen Weise. Und sie steht für ähnliche Menschen und Begegnungen in dieser Zeit (für die Armutsbewegungen, die Bettelorden, vor allem für den Aufbruch eines Franz von Assisi) und überhaupt in der Geschichte der christlichen Kirchen, die kaum als programmatische Erneuerer erinnert werden. Viele wären als solche Reformatoren und Reformatorinnen erst noch zu entdecken und auszuzeichnen.

Das Gütezeichen des Reformatorischen also – dass der Glaube die zu ihm gehörige Vollzugsform, was das Geliebtsein aller Menschen durch Gott und durch die Menschen anbelangt, (zurück)gewinnt – überholt Martin Luthers Reformation um einiges. Letztere bezog sich weitgehend auf das Wortgeschehen und den Glaubensdiskurs, also gewissermaßen auf einen ideologischen Konflikt, zwar auch hier mit entsprechenden praktischen Konsequenzen und vor allem mit den politischen Erfolgen in der damaligen Machtkonstellation und auf dem Hintergrund der explodierenden Druckmedien „als Medienereignis“[15]. Aber gerade darin ging es hauptsächlich um das Wort. In der Frage nach dem universalen Heil und der bedingungslosen Diakonie allen Menschen gegenüber stand Luther allerdings mit seinen heilsexklusiven Anteilen der alten Kirche wenig nach, nun allerdings weniger mit kirchen- als mit glaubensbezogenen Grenzziehungen.[16] Selbstverständlich war dies auch den damaligen Herausforderungen, Konfliktlinien und Kontexten, in die sich Luther hineinversetzt sah, geschuldet.

Dies darf nicht dazu führen, dass man auf der Wortebene nur das zu sagen vermag, was man/frau persönlich einlöst. Die christliche Wahrheit ist auch darüber hinaus zu formulieren, sonst verlöre sie jeden gnadentheologischen Gegebenheits- und eschatologischen Verheißungscharakter. Die Wahrheit Gottes ist mehr, als gesagt und getan werden kann. Diese Einsicht gilt immer, weil sie den Grundunterschied zwischen Gott und Geschöpf betrifft.

Doch kann sich dieser Unterschied verschärfen, wenn er sich mit menschlicher Schuld anreichert. Wenn nicht wenigstens mit jeder Wahrheitsbehauptung zugleich das „Damokles-Schwert", das durchaus ein Gerichtsschwert zu sein vermag, der Wahrheitspraxis mitschwingt, erweist sie sich letztlich als Einbildung. Wahrheit, die gesagt wird, muss auch getan und gezeigt werden. Geschieht das nicht, dann kann immer noch die Wahrheit in den Worten liegen. Ganz im Sinne der Aussage Jesu: Auf ihre Wahrheitsrede schaut, nicht aber auf ihre Taten (vgl. Mt 23,3), denn diese verfälschen, was sie sagen. Entzieht euch also souverän der paradoxen Kommunikation, in der auf der Tatebene hintertrieben wird, was auf der Wortebene versprochen wird.

Umso mehr erstreckt sich im Blick auf Jesus und die Art und Weise, wie er das Heil in Wort und Tat darstellt, der Häresiebegriff, wenn man ihn denn bemühen will, nicht nur auf die dogmatische Seite des Glaubens, sondern auch auf die praktische Seite mitmenschlichen Handelns. Wenn jemand das dogmatisch Richtige glaubt, aber Menschen verachtet, befindet er sich im Bereich praktischer Häresie.[17]

Gottes Barmherzigkeit ist gratis. Der Glaube daran lässt dem Menschen Gerechtigkeit widerfahren. Durch Werke kann und muss sie nicht verdient werden. Dies ist die zentrale Einsicht der mit Martin Luther verknüpften Reformation. Allerdings: Der Glaube allein genügt zwar für die ausdrückliche Gottesbeziehung, für die Menschenbeziehung genügt er aber nicht. Um der Menschen willen sind gute Werke bitter nötig. Diese Überzeugung haben in den Kirchen durch die Jahrhunderte hindurch viele Menschen in ihrer Solidarität mit bedürftigen und gefährdeten Menschen gelebt. Auf dieser Basis verändert sich auch der Glaube. Er kommt dann nicht mehr in die Versuchung, sich selbstrühmerisch als exklusive Bedingung für die Liebe Gottes aufzuspielen und damit selbst zum „Werk“ zu werden. Dies wäre die Basis künftiger Ökumene: den Glauben als von Gott geschenkte Kraftquelle für tätige Nächstenliebe zu erleben und sich für einen antifundamentalistischen Glauben zu öffnen, der sich, indem er alle Menschen bedingungslos in der unbegrenzten Liebe Gottes weiß, für alle Menschen solidarisch auswirkt. Alle christlichen Konfessionen haben das Zeug für eine solche etwas andere Reformation: aus einem solchen Glauben heraus ökumenisch für eine solidarische Welt und einen solidarischen Gott einzustehen, relativ ungeachtet dessen, was für ihre Kirchen dabei herausspringt.

Diese etwas andere Reformation geht mit Luther, dem durchaus die Bedeutung der Gnade als Kraftquelle für die guten Werke am Herzen liegt, über Luther hinaus, der zu wenig das göttliche Einholen dessen, ob denn tatsächlich gute Werke entstanden sind, mit eigenem theologischem Gewicht versieht. Dies schmälert die Bedeutung und Auswirkung der Werke für die dann auch endzeitliche Gottesbeziehung und ihren Gerechtigkeitsgehalt.

Schaut man aus diesem Blickwinkel auf die Geschichte der Kirchen, entdeckt man zugleich, wie sehr es in fast allen Zeiten und an fast allen Orten neben den dominanten Entwicklungs- und Reformationslinien immer auch andersreformatorische Traditionen und Wirklichkeiten gegeben hat, manchmal oft nur am Rande, geduldet und manchmal auch bekämpft oder auch angenommen, angeeignet und integriert. Mit einer Siegergeschichte können sie von ihrem Wesen her kaum aufwarten. Es sind oft Frauen, die durch die Geschichte hindurch diese Reformation für ihre Zeit und bezogen auf die entsprechenden Nöte der Menschen eingeklagt und selbst gelebt haben: von den caritasorientierten Frauenorden und Frauenkongregationen bis hin zum Beten und Handeln des Weltgebetstags der Frauen (siehe unten Kap. Reformatorische Wegweisungen 3.1). Die von den Kirchen verantworteten Wohlfahrtsverbände gehören inhaltlich zum innersten Zentrum der Kirchen. Auf sie ist zu hören. Viele Menschen sind mit *einem* Akt ihrer Zivilcourage dem Herzen Gottes näher als die Dauerredner des Wortes (einschließlich meiner eigenen Profession). Ohne diese Praxis ist die Lehre (und das Ja dazu) nur eine „klingende Schelle" (Lutherübersetzung von 1 Kor 13,1) bzw. eine „lärmende Pauke" (Einheitsübersetzung).

2.5 Entgrenzung schafft Grenzen

In unserer gleichzeitigen vierjährigen Dekanszeit an der evangelischen bzw. katholischen Fakultät an der Universität Tübingen von 2000 bis 2004 habe ich von meinem evangelischen Kollegen Eilert Herms immer wieder die Klage gehört, dass von römisch-katholischer Seite doch viel mehr erfahrbar sein müsste, dass die protestantischen Kirchen kein Unglück der Geschichte seien, sondern um ganz bestimmter inhaltlicher Positionen willen ein notwendiges Ereignis, und dass von daher auch die protestantischen Kirchen gegenwärtig nicht nur zu dulden, sondern gerade in ihrer Andersheit und in ihrer von der Zuständigkeit der römisch-katholischen Kirche getrennten Eigenständigkeit erwünscht seien. Was hier gewünscht wird, ist eine kognitive und affektive Existenzachtung und -anerkennung auf gleichstufigem Niveau der Existenznotwendigkeit. Was hier zur Sprache kommt, ist die Anerkennung nicht nur der Schattenseiten, sondern auch der positiven Seiten von Trennungen, Schismen und buchstäblichen Auseinander-Setzungen.

Eine für die Zukunft ökumenische Herausforderung ist die Frage: Gibt es heute analoge Konstellationen – gar nicht so sehr zwischen als eher quer durch die Kirchen –, in denen weder konsensbezogene noch kommunikationsbezogene Annäherungen oder gar Einigungen im Blick sind und die deshalb viel zu viel Reibungsverlust kosten würden, als dass sie konstruktive Möglichkeiten brächten? Wie müsste eine Kultur der gegenseitigen Anerkennung bei gleichzeitigem partiellem Nichtverstehen bzw. unbeseitigbarer Nichtzustimmung ausschauen? Hat die Reformation heute für beide Kirchen auch in dieser Hinsicht eine programmatisch noch zu erörternde Qualität? Folgendes wäre dabei zu beachten:

– Zunächst haben wir einen vorbildhaften Konfliktfall beim Apostelkonzil (vgl. Apg 15 bzw. in Gal 1–2).[18] In diesem Beispiel gibt es keine inhaltliche Übereinstimmung, denn die einen bestehen auf Beschneidung für ihren Bereich und die anderen auf die Taufe allein. Aber sie geben sich den Handschlag der Gemeinschaft, der sich realisiert im gemeinsamen Herrenmahl und in der sozialen Unterstützung der ärmeren Seite (was heißt, dass man die Existenz des anderen haben will und ihn in seinem Wohlergehensrecht sichert). Vermutlich hätte man in den meisten Fällen der Vergangenheit dieses Modell verwirklichen können, hätte man nicht den inhaltlichen Konsens zum obersten Prinzip erhoben und hätte man der Vorgegebenheit der Einheit im „Leib Christi" (im Sinne von 1 Kor 12,27), gefeiert im gemeinsamen Mahl und verwirklicht in der Caritas, mehr Wirksamkeit im Dissens zugetraut als den eigenen Argumenten und Sichtweisen; hätte man also die grundgebende Einheit im Abendmahl bzw. in der Eucharistie – oft genug auch kontrafaktisch – miteinander gefeiert, insofern der Geist Christi sich in vielem Verschiedenem und oft auch im Streit zu zeigen vermag und sofern in ihm all dieses Verschiedene *einen* Urgrund der Gnade hat.

In einem solchen Konzept kann die Spiritualität von beidem erlebt werden: nämlich nicht anders zu können, als im Glauben eine bestimmte eigene Meinung und Praxis zu vertreten, und zugleich auf jede Art von Selbstvergöttlichung des Eigenen zu verzichten und den letzten Wahrheitswert der eigenen Positionen und Handlungen dem Urteil Gottes zu überlassen – bei gleichzeitiger Aufrechterhaltung der wichtigsten Gemeinschaftsakte.

– Es kann aber auch Situationen und Konstellationen geben, in denen es notwendiger ist, das Eigene zu leben, als in einem andauernden Clinch mit den anderen das Eigene zu verspielen bzw. dafür keine Kraft mehr zu haben, Konflikte, in denen in Wort und Tat die Substanz christlicher Existenz auf dem Spiel steht: Wo sich christliche Kreise so fundamentalisieren, dass sie Menschen aus anderen Religionen und Kulturen schädigen, und wo dies überhaupt Religionen tun, ist schärfste Religionskritik anzumelden, nach innen wie nach außen. Hier können Kooperationen, Nicht-auf-Distanz-Gehen und Nichttrennungen leicht zum Vorwurf der Kollaboration mit dem Zerstörerischen führen. Dies gilt auch innerhalb des Glaubens für ein Gottesbild, das gnadenlos zwischen innen und außen reguliert, nach innen unter Druck setzt und unter Angst bringt und nach außen hin verdammt. Dann kann man auch nicht mehr leicht miteinander Mahl feiern und auch nicht mehr sich gegenseitig stärken.

– Diese beiden Modelle sind zwar zu unterscheiden; wann allerdings das eine Modell in das andere übergeht und wie jeweils dieser Übergang mehr nach der einen oder nach der anderen Seite entschieden wird, hängt von unterschiedlichen Situationen und Kräften ab. Und nicht selten wird man erst im Nachhinein feststellen, dass man mehr falsch als richtig oder umgekehrt entschieden hat. Sicher kann man als Richtlinie verdeutlichen, dass das erste Modell möglichst lange aufrechtzuerhalten ist und erst an jener neuralgischen Grenze in das andere hineinzuführen ist, an der es dann einfach nicht mehr anders geht. Aus identitätsbezogenen genauso wie aus inhaltlichen Gründen. Und dies gilt auf beiden Ebenen, auf der Ebene der Individuen wie auch auf der Ebene der Gemeinschaften. Mit den Auswegen der Konversion beziehungsweise der Trennung.[19]

Es wird das Unterscheidungsmerkmal für die Zukunft in und zwischen den Religionen sein, wie weit sie – in der Sprache des Christlichen – die Rechtfertigung der Sünder*innen und der Gottlosen vertreten oder inwieweit sie Gottes Liebe auf die Zugehörigkeit zum eigenen Bereich regionalisieren. Auf Humanisierung setzende Staaten und Gesellschaften werden mit Religionen des letzteren Typs wenig kooperieren können. Am schlimmsten wird es, wenn solche Religionen und Glaubenssysteme in (technologisch gesehen durchaus hochentwickelten) Gesellschaften die Ordnungsmacht sind bzw. erhalten. Es geht also bei Trennungen nicht nur um soziale Identitätssicherung des Eigenen, sondern um die Sicherung der sozialen Basis zugunsten einer ganz bestimmten Menschlichkeit in Gesellschaft und Religion. Es gibt Herausforderungen, wo Protest und Distanz wichtiger sind als Kommunikation und Dialog. Weil es in einer geschichtlichen bzw. persönlichen Situation, einschließlich eigener Schuldanteile, einfach nicht anders geht.

Derart können die historischen und theologischen Momente der Trennungen in der Folge des Luferereignisses durchaus aussagekräftig sein für andere Auseinandersetzungen, wie – um einen weiten Sprung zu machen – in der Folge des Zweiten Vatikanums, insofern mit jenen Kräften, die die entscheidenden Errungenschaften des Zweiten Vatikanums (Religionsfreiheit, Vielfalt der Ortskirchen usw.) ablehnen, kein Kompromiss eingegangen werden kann. Man musste es vor 500 Jahren und vor 50 Jahren der Zukunft überlassen, ob es einmal wieder Annäherungen gibt. Es geht also darum, sich auf den Weg einer Theologie der gegenseitigen Distanzierung, im Extremfall der Trennung zu machen: im Gespräch mit den historischen Erfahrungen, mit den jeweils bemühten theologischen Legitimationen und praktischen Auswirkungen sowie im Gespräch mit den gegenwärtigen, in vielerlei Hinsicht (notwendig?, vgl. Mt 10, 34–35) entzweienden zukünftigen Herausforderungen des Christentums und der Religionen überhaupt.

So sollte man genau hinschauen, an welcher Stelle und warum es keinen Kompromiss gab, warum also die Trennung nötig war. Ein ähnlicher Vorgang könnte sich auf die heutige Frage in der katholischen Kirche konzentrieren, was denn mit den Entscheidungen des Zweiten Vatikanums absolut nicht vereinbar sei. Und was man sich angesichts des „Beispiels Reformation“ diesbezüglich leisten dürfe. Trennungen dürfen nicht dämonisiert werden, wie Einheit und Harmonie nicht idealisiert werden dürfen, wenn sie Verschleierungen von menschenverachtenden Haltungen sind.

– Und doch darf auch beim Trennungsmodell das erste Modell des Apostelkonzils nicht ganz verabschiedet werden. In Beziehungen zwischen Gruppen und Menschen gibt es nicht viel Schwierigeres als den nichtfundamentalistischen Umgang mit fundamentalistischen Haltungen. Das Entscheidende ist dabei, dass Streit und Trennung nicht so weit gehen dürfen, dass die andere Seite in ihrer Existenz nicht mehr erwünscht und garantiert wäre. Alle Menschen müssen erfahren dürfen, dass sie nie aus der Gnade herausfallen. Die Erfahrung möglichst bedingungsloser Annahme und Liebe ist die einzige Kraft, die fundamentalistische und andere Selbstüberschätzung erschüttern kann. Kein noch so schwieriges Sosein mindert dessen Daseins- und Wohlergehensrecht. Wie sehr sich (übrigens nicht nur) fundamentalistische Kreise auch rechthaberisch gerieren und abschließen – die Offenheit für ihre Teilnahme an den eigenen Gottesdiensten und die soziale Verantwortung für ihr Wohlergehen müssen, wie das Apostelkonzil es vormacht, gewährleistet bleiben. Dies gilt besonders für die sakramentalen Gottesdienste, denn Sakramente dürfen nicht zu Sanktions- und Ausschlussinstrumenten werden.

Von den heftigen gegenseitigen Polemiken und Anfeindungen wäre zu lernen, auf solche Extremformen der Verachtung zu verzichten und die gegenseitigen Angstprojektionen im Zaum zu halten. Wenn damals beide Seiten jeweils Angst davor hatten, dass sich die andere Seite, die papistische Kirche bzw. die Protestanten, mit den Türken gegen die eigene Seite verbünden könnten, dann spricht das Bände über die Feindschaft nicht nur den Türken, sondern auch den Glaubensgegnern gegenüber: „Wohlan, Gott gebe uns seine Gnade und strafe beide, Papst und Mahmet samt ihren Teufeln.“ [20]

3. Sehnsucht nach Rechtfertigung

Nach einer magischen Sitzung, um darin die innersten Geheimnisse eines ermordeten Toten herauszufinden, worin auf einmal teuflische Abgründe spürbar werden, fragt die Kriminalinspektorin die Frau, die sie in diese esoterischen Riten eingeführt hat: „Meinst du, dass er in der Hölle ist?“, und bekommt die Antwort: „Nein. Es gibt keinen *Ort*, der Hölle heißt. Weißt du, was die Hölle ist?“ Als die Inspektorin verneint, fährt die Ritenmeisterin fort: Hölle ist: „dass alles zu spät ist. Dass man nichts mehr ändern oder wieder gutmachen kann. Dass man auch nach dem Tod noch der ist, der man im Leben gewesen ist. Dass du nichts mehr, was du gesagt oder getan hast, ändern kannst und dass das alle Menschen, denen du begegnet bist und die dir nahe waren, noch lange nach deinem Tod beeinflusst. Generationen lang, Jahrhunderte … ja, vielleicht für alle Ewigkeit. Alle Religionen versprechen Frieden und Erlösung von den Sünden nach dem Tod. Die Wahrheit ist, dass man nicht von sich erlöst werden kann.“

In dieser Szene bringt die schwedische Autorin Helene Tursten in ihrem Kriminalroman „Tod im Pfarrhaus"[21] eine unheimliche Gnadenlosigkeit zum Ausdruck, die in der Tat eine neue Art von Hölle konstituiert, nämlich auf sich selber unveränderbar festgenagelt zu sein, ohne Hoffnung, von seinen eigenen Grenzen und Destruktionen jemals erlöst werden zu können. Diese Höllenvision ist aber nicht nur gnadenlos, sondern auch gerechtigkeitslos. Denn diese Unveränderbarkeit ist eiskalt, mit Verursachungen, die durch die Geschichte gehen. Hier kann auch nicht der leiseste Gedanke an die Möglichkeit aufkommen, dass die Opfer gerettet und die Täter zur Verantwortung gezogen werden. Diese Hölle ist nicht einmal Konsequenz eines gerechten Gerichtes, sondern ist bereits im Gesetz des Lebens und des Todes selber verankert. Opfer und Täter bleiben ewig, was sie sind. Gegen diese „Wahrheit", dass der Mensch nicht von sich erlöst werden kann, setzen, auch nach dem Zitat, die Religionen ihr Versprechen von Frieden und Erlösung von Sünden; es wäre noch zu ergänzen: auch das Versprechen einer universalen Gerechtigkeit.

Der christliche Glaube ist eine solche Religion, gestaltet sie allerdings in einer eigenen Weise, von der der christliche Glaube annimmt, dass sie von Gott selbst geschenkt ist. Ein zentraler Vollzugsort dieses Geschenks ist in Bibel und Christentum die Sündenvergebung im Horizont einer Gottesbeziehung, in der Gott die Menschen als Sünder und Sünderin offenlegt, aber nicht darauf zurückwirft, sondern sie als solche unbedingt annimmt und dadurch die Möglichkeit der Veränderung schenkt. Nicht zuerst die Umkehrbereitschaft der Menschen, sondern die vorgängige Umkehrermöglichung von Gott her bildet das Zentrum christlicher Existenz.

Doch scheint auf den ersten Blick in unserer Gesellschaft keine besondere Offenheit für dieses Geschenk der Umkehrermöglichung vorhanden zu sein, denn Bedingung dafür wäre das Bewusstsein darüber, dass man/frau Umkehr nötig hat, letztlich das Bewusstsein von eigener Unzulänglichkeit, Schuld und Sünde. Schon seit Jahrzehnten wird unserer Gesellschaft ziemlich pauschal ein Unschuldswahn vorgeworfen, der aber bei genauerem Hinsehen differenzierter zu betrachten und als pauschaler Vorwurf nicht aufrechtzuerhalten ist. Ein Blick in die diversen Talkshows zeigt deutlich, dass es hier fast immer um Beschuldigung und Selbstrechtfertigung geht. Und so gibt es so etwas wie ein öffentliches Gewissen, das insbesondere Führungskräften in Politik und Wirtschaft von Seiten der Medien entgegengehalten und aufrechterhalten wird.

Dass das Sprachspiel der Sünde auf das religiöse Feld abgedrängt bzw. umgekehrt durch Übertragung auf Bereiche wie unmäßiges Essen verharmlost wurde, sagt noch nichts darüber aus, was unter anderen Sprachspielen dann doch an entsprechender menschlicher Erfahrung benannt und ausgetauscht wird: mit den Begriffen des Gewissens, der Verantwortung (und den Gegenbegriffen der Gewissenlosigkeit und der Verantwortungslosigkeit) zum Beispiel.[22] Und auch eine Therapie, die nicht das Schuldiggewordensein von Menschen bzw. die Opfer dieses Schuldiggewordenseins ernst nimmt, operiert am Kern der Probleme vorbei. Der Kabarettist Dieter Hildebrandt hat seine Art, politisches Kabarett zu gestalten, in einem

Fernsehinterview mit der Fähigkeit in Verbindung gebracht, ein Gewissen zu haben, und zwar persönlich wie auch den Vorgängen der Gesellschaft gegenüber.

Nach alledem scheint es fast so, dass das Zitat aus „Tod im Pfarrhaus“ in signifikanter Weise zum Ausdruck bringt, dass gegenwärtig nicht der Unschuldswahn das Problem ist, sondern der Wahn, auf Beschuldigung und Selbstrechtfertigung festgenagelt zu sein, in einem permanenten Wiederholungszwang, ohne Hoffnung, aus diesem Teufelskreis heraustreten zu können bzw. eine Begegnung geschenkt zu bekommen, die es ermöglicht, herauszutreten, und zwar so herauszutreten, dass die eigene Unzulänglichkeit und das eigene Schuldigwerden ungeschminkt wahrgenommen werden können, ohne dass man dabei Anerkennung und Akzeptanz verliert bzw. in einer umso heftigeren Selbstrechtfertigung die Kompensation suchen muss.

Hier kann, um nochmals auf die Kategorie der Kriminalromane zurückzukommen, Pater Brown zitiert werden, der sich als Priester und Christ die Aussage leisten kann: „Ich bin ein Mensch und habe daher alle Teufel im Herzen. Vielleicht habe ich mich nicht recht glücklich ausgedrückt, aber was ich gesagt habe, ist wahr. Kein Mensch taugt in Wirklichkeit etwas, ehe er nicht weiß, wie schlecht er ist oder doch sein könnte, ehe er nicht einzusehen vermag, dass es vermessen ist, in dieser hochmütigen und verächtlichen Weise über ‚Verbrecher‘ zu sprechen, als wären dies Affen in einem zehntausend Meilen entfernten Urwald. Erst muss er sich von dieser elenden Selbsttäuschung, von ‚Verbrechertypen‘ und ‚anomalen Schädeln‘ zu sprechen, frei machen, sich frei machen von dem ganzen salbungsvollen Pharisäertum, bis er schließlich erkennt, dass jeder Mensch zum Verbrecher werden kann …"[23] Werner Berthel schreibt über Pater Brown: „Er weiß als Priester, dass es das Böse in der Welt gibt, und wenn er Kriminalfälle löst, versucht er einer Gerechtigkeit zum Siege zu verhelfen, die nicht nur von dieser Welt ist."[24]

3.2 Rechtfertigung der Menschheit?

Gerechtfertigt sein heißt, auch dann im Lebensrecht anerkannt und erwünscht zu sein, wenn die eigene Existenz dunkle, ja sehr dunkle Seiten hat. Gegenwärtige Verebbungsvertreter (die eine Verebbung, ein Aussterben, der Menschheit für das Überleben der Erde für notwendig halten) bestreiten die Rechtfertigung der ganzen Menschheit. Warum soll die Menschheit denn existieren, wenn es dafür keinen guten, auch keinen ökologischen Grund gibt, wenn damit vielmehr das zugefügte und erlittene Leiden der Kreatur verewigt wird? Damit trifft die bisherige Theodizeefrage nach der Rechtfertigung Gottes angesichts des Leidens die Menschheit selber. Und es wird ihr abgesprochen, das eigene Dasein zu rechtfertigen.

Karim Akerma[25] stellt diese Frage der Anthropodizee, ob es eine Rechtfertigung des Weiterbestehens der Menschheit gibt angesichts des Leidens, das die Menschen erduldet haben, erdulden und erleiden werden, einmal selbst verursacht, zum andern aber auch im Erleiden von Naturkatastrophen (die durchaus auch von den Menschen mitverursacht sein können). Während Religionen zu großen Teilen, unsensibel dieser Anfrage gegenüber, hemmungslos darauf angelegt sind, sich in der Rekrutierung anderer und in der Ausweitung der eigenen Nachkommenschaft hervorzubringen, kann sich die Menschheit insgesamt nicht rechtfertigen. Denn sie versündigt sich immens an sich selbst und an der Schöpfung.

Aber auch die Beanspruchung einer religiösen Theodizee lässt die Frage offen, „wie eine Außenverankerung überhaupt eine Rechtfertigung von Leid ermöglichen könne“[26]. Denn die Frage nach den Leiden der Menschen gewinnt im Bereich der Gottesfrage nicht nur eine Verschiebung, sondern eine Verschärfung des Problems, weil sie hier mit der Allmacht zusammentrifft, also mit der Möglichkeit, Leid zu verhindern. Dieser Konflikt mit Gott,[27] der sich biblisch und spirituell als Klage gegen Gott zeigt, setzt die Hoffnung auf einen guten Gott voraus, denn einem satanischen Gott gegenüber wäre die Einklage der Rettung sinnlos. Es ist die Hoffnung, dass Gott – auch gegenüber gegenteiligen Erfahrungen – menschliches Leben aus Liebe will und rettet, was jeder aktiven Selbstverebbung der Menschheit den Wind aus den Segeln nähme. Diese Rechtfertigung der Menschheit kann und muss sie nicht selbst leisten, sondern sie empfängt sie aus der Hand Gottes. Gott rechtfertigt ihre Existenz, auch gegen den Augenschein ihrer (selbst-)zerstörerischen Mächte. Solange es diese Hoffnung gibt, muss sie sich nicht selbst zernichten.

3.3 Rettung vom Kreuz her

Die schonungslose Offenlegung der wirklichen und potentiellen Zerstörungskraft der Menschen im Umgang miteinander und mit der Natur, einer Macht, die in vielen Aufbrüchen von Kriegen, Genoziden, Misshandlungen und Missachtungen von Frauen und Kindern unablässig in der Geschichte der Menschen zum explosiven Ausdruck kommt, kann nur dann nicht noch einmal für sich selbst zerstörend für die Menschen sein, wenn sie dabei einer machtvollen Gnade gegenübertreten dürfen, die sie gerade in dieser abgrundhaften Sündigkeit von einem noch tieferen, nämlich unendlich tiefen Grund her annimmt und auffängt. Ist es genau diese Botschaft, die heute, und gerade jetzt, überfällig wird? Auch gegenüber jeder Banalisierung des Bösen und Sündhaften und damit in der Tiefe des christlichen Erlösungsgeschehens selbst?

Die kirchliche Pastoral scheint in der Gefahr zu sein, die Verkündigung hauptsächlich von der Reich-Gottes-Botschaft Jesu in den Evangelien her zu gestalten und seinen Tod lediglich als eine Konsequenz dieses Lebens zu begreifen. Es ist dies die Phase, in der noch auf die Annahme der Gottesherrschaft gehofft wird. Dieser Heilsoptimismus wird aber spätestens dann durchbrochen, als Jesus erkennt, dass seine Mission im Sinne eines geschichtlichen Erfolgs scheitert. Nun wird eine neue Qualität in der Reich-Gottes-Botschaft offenbar. Gibt es für die Menschen auch noch in der Ablehnung der Liebe Gottes eine Rettung? Gibt es eine Rettung für Mensch und Welt aus dem Teufelskreis der Zerstörung heraus? Es zeigt sich vom Kreuz her, dass die Liebe des Gottessohnes stärker ist als die radikalste menschliche Absage (vgl. Lk 23,34). Diese unbedingte und nicht auszuhebelnde Liebe Gottes, die am Karfreitag und am Karsamstag jeden sündigen Menschen nochmals in der Geschichte *und* in der Hölle unterfängt, gilt für die Leidenden und macht vor den Tätern nicht Halt.[28]

Deswegen trifft das Zitat aus dem oben zitierten Kriminalroman nicht zu. Und auch der Aufruf zum Selbstmord der Menschheit muss nicht befolgt werden. Eine andere

Wahrheit ist demgegenüber zu behaupten und im Lebenszeugnis zu bezeugen, nämlich die der göttlichen Rechtfertigung menschlicher und weltlicher Existenz.[29] Denn von daher müssen die Menschen ihre Sündigkeit nicht mehr voreinander verbergen durch permanente Anderenbeschuldigung und Selbstrechtfertigung, was beides wieder nur Zerstörung bringt, sondern können sich im Bewusstsein ihres eigenen höllischen Abgrunds von einem noch tiefer reichenden Grund her getragen wissen, der ihnen das Leben und das Leben für andere ermöglicht und die dabei erfahrene Erfolglosigkeit nicht zum Anlass nehmen lässt, alles aufzugeben. Diesbezügliche Erfolge dürfen dann mit Dankbarkeit und Lob als Gottes Geschenk angenommen werden. „Wie soll der Mensch mit dem Zerbrechen seines eigenen Bildes umgehen, das ihm die eigene Identität authentisch zu repräsentieren schien?"[30] So gilt: „Der Gekreuzigte deckt die anthropologische Wahrheit auf (nämlich die des Schuldigseins), eine Wahrheit, die ohne den Gekreuzigten wahrscheinlich gar nicht auszuhalten, ja nicht einmal zu erkennen ist."[31] Am Ende wird die Macht dieser Gnade offenbar werden, es wird offenbar werden, wo sie bereits in dieser Geschichte Macht gewonnen hat und wo sie um ihre Wirkung gebracht wurde. Es gibt also einen Ausweg aus der Fatalitätssicht von menschlicher und individueller Geschichte, einen Ausweg aus dem Festgenageltsein in der eigenen Unbeweglichkeit, und der ist in der Gnade der Rechtfertigung des Menschen durch Gott begründet.

Gnade ist dabei nicht nur eine persönliche Wirklichkeit, sondern bezieht sich auf die ganze Menschheit und ihre vielen kulturellen Lebensstrukturen und Systeme. Der Gegensatz zwischen Gnade und Gesetz trifft einen ganz bestimmten Umgang mit Gott, nämlich anzunehmen, dass man mit Pflicht- bzw. Gebotserfüllungen Gottes Zuneigung erwirtschaften könne oder müsse. Der Gegensatz bedeutet aber nicht, dass es keine Gnade *in* Gesetzen und *in* den Strukturen geben könne. Es ist vielmehr darüber nachdenken, wie Gnade *im* Gesetz, in der Alltagswirklichkeit der normalen und geregelten Beziehungen, zum Vorschein kommt.

Wer die Gnade nur im zwischenmenschlichen Bereich, in der entsprechenden Barmherzigkeit, ansiedelt und nicht auch im Bereich struktureller Gerechtigkeit bestehender Ordnungen und Gesetze, entzieht den Menschen jene Unterstützung, die gerechte Strukturen ermöglichen könnten. In die gleiche Richtung geht das „Kriterium der eröffneten Gnadenchance“ bei kirchlichen Organisationsentwicklungsprozessen: „Das soll heißen: alle jene kirchlichen Handlungs- und Organisations- (was auch immer heißt: Herrschafts-)Muster sollten präferiert werden, bei denen, wie risikoreich auch immer, die Chance besteht, Erfahrungen der Gnade Gottes einerseits zu machen, andererseits benennen zu können.“[32]

3.4 Wider die Arroganz der „Guten"

Nach Paulus gibt es noch eine andere negative Form der Gesetzlichkeit, die sich auch auf der Seite derer ereignen kann, die etwas Gutes geleistet haben. Eine Arroganz der Guten ist nicht angebracht. Der Mensch darf sich nicht darüber täuschen, woher er die Kraft hat, sowohl in seinen Begabungen wie auch in anderen Formen der Erfahrung von Gnade. Die Gefahr der Gesetzlichkeit lauert im Herzen des Glaubens selbst. Paulus nennt dies die Kauchesis, den Selbstruhm des Menschen vor Gott, in dem er sich über seinen eigenen Status als Geschöpf, als sündige Kreatur und als gnadebedürftig täuscht. Solche Arroganz der guten Werke ist tatsächlich für die Gottesbeziehung „schädlich“ (siehe oben Kap. Erinnerungsfest der Gnade 2.2 und unten Kap. Mut und Demut 1.1).

„Versteht“ man Gott auch als die Summe aller denkbaren und nicht denkbaren Möglichkeiten, nicht nur als die Summe von allem Wirklichen, sondern von allem Möglichen,[33] dann darf folgende Spur wichtig sein: Es gab und gibt Menschen, die sich nicht nur mit den Leidenden solidarisieren, sondern auch in dem Sinn mit den Tätern, als sie, sensibel genug, von sich selber sagen: Sie hätten unter anderen, mit denen der Täter vergleichbaren Umständen möglicherweise ebenfalls Schlimmes bis Schlimmstes getan. Jedenfalls erschreckt sie die Vorstellung, dass sie nicht ganz sicher sein können, nicht entsprechend anfällig gewesen zu sein. So steht den Menschen ein Erschrecken vor den eigenen dunklen Möglichkeiten an, deren Verwirklichung ihnen aus bestimmten Gründen „erspart“ blieb, weil es keine Umstände oder Versuchungen gegeben hat, die ihre Verwirklichung herausgerufen und aktiviert hätten.

Diese Entwirklichung trifft nicht die Tat. Denn was getan wurde, wurde getan, und was nicht getan wurde, wurde nicht getan. Sie bedeutet auch keine Entschuldigung der Täter und Täterinnen, denn diese haben das Schlimme getan und die Opfer haben dies als entsetzliche Wirklichkeit tatsächlich erfahren. Es geht auch nicht um eine jener diesseitigen Entschuldigungen der Täter dadurch, dass man ihre „schlechte Kindheit“ als Verstehensmotiv ins Feld führt. Es gibt Böses, das durch keine Umstände und durch nichts mehr „verstanden“ werden kann. Wenn das deutlich genug gesagt ist, kann aber auch das andere gesagt sein: Im Jenseits des Gerichts wird die darin verwirklichte umfassende Gerechtigkeit jene Schuldanteile benennen, die nicht unmittelbar zu Lasten der Täter geht, sondern bestimmten Umständen (Leben in großer Ungerechtigkeit oder in einer Umgebung, in der die Gewalt und das Töten von Menschen als „normaler" Weg für die Erreichung bestimmter Ziele gilt) zuzuschreiben sind. Hierfür sind wieder andere Menschen verantwortlich (und hier zeigt sich, wie sehr die erbsündliche Verfasstheit der Welt in einem Netz von Abhängigkeit im Bösen geschichtlich zum Vorschein kommt), hierfür ist aber auch in dem bereits angesprochenen Sinn Gott selbst verantwortlich, als er diese Welt in ihrer Verteilung der Ermöglichung, gut zu sein, so ungerecht lässt, wie sie ist.

So wird, und hier setzt unsere Vorstellungskraft aus, im Gericht jene nicht gewordene Wirklichkeit zum Vorschein kommen, wie Menschen möglicherweise anders gehandelt hätten, wenn sie aus anderen Umständen gekommen wären (was aber tatsächlich nicht der Fall war). Im Gericht hat diese Möglichkeitssicht eine eigene Wirklichkeitsmacht, nämlich die des Einbezugs aller Faktoren und Schuldanteile anderer, die einen Täter zum Täter haben werden lassen bzw. einen anderen davor bewahrt haben.

Dieser Gedankengang geht aber noch in eine andere Richtung: Gerade wenn sich Menschen in die Solidarität und Barmherzigkeit in einem harten Dienst an hilfsbedürftigen Menschen, die manchmal selbst gar nicht gut sind, sondern ziemlich böse sein können, hineinbegeben, gelangen sie ebendarin in die Gefahr gesteigerter Schuldfähigkeit. Die Betroffenen kennen diese Versuchungserfahrungen. Sich der Caritas aussetzen bringt eine erhöhte Sündenanfälligkeit, zum Beispiel gegen aggressive Dauerkranke in der eigenen Wohnung. Wer mit schwierigen Menschen leben muss, kommt gesteigert in die Gefahr der Schuld bis hinein in die geheimsten Vernichtungswünsche. Sie machen es einem schwer, gut zu sein. Dieser Gedanke gilt nicht als Abwehr, nicht als Entschuldigung der Untaten, sondern soll die wirkliche Belastung in den Blick bringen, jenes aufreibende Dauergemisch von Mitleid und Aggression. Dann erst wird das erbsündliche Dilemma in seiner ganzen Tiefe ausgelotet, nämlich in jener Bereitschaft zum Bösen, der alle ausgeliefert sind. Die Möglichkeiten, sündig und Täter zu werden, hören in der Menschheitsgeschichte überhaupt niemals auf. Gerade in diesem Horizont darf man umso weniger die vergessen, die in widrigen Situationen gut bleiben bzw. werden. Sie aber wissen gerade dann, was dies kostet, so sehr, dass sie es umso mehr im Horizont Gottes als Gnade erfahren, so „stark“ im Guten gewesen zu sein.

Andere Menschen haben es dagegen leicht, nämlich von ihrer behüteten Situation und von guten und vertrauenden Mitmenschen her, gut zu sein. Dies wird in die endzeitliche Beurteilung einfließen, allerdings ohne die Tatebene zu schmälern. Denn der Schmerz der Opfer wird nicht leichter dadurch, dass die Täter böse werden „mussten“. Dennoch muss die angesprochene Möglichkeit um der Gerechtigkeit willen in den Blick kommen. Es ist auch eine Frage der Gerechtigkeit, dass die Guten nicht über die Täter triumphieren. Siegerbewusstsein der Guten ist fehl am Platz. Als möglich gewesene Täter werden sie für die Rettung der wirklichen Täter eintreten. Was bei ihnen Gnade vor der Tat war, soll den Tätern und Täterinnen als Gnade nach der Tat nicht vorenthalten werden.

Eine solche endzeitliche Sicht hat auch Auswirkungen auf gegenwärtige Haltungen, etwa in der Beziehung zur Vergangenheit, nämlich dass man sich nicht nur mit den Opfern der Geschichte identifiziert, sondern auch mit den Tätern und darin die erschreckende Möglichkeit zum gegenwärtig Bösen erkennt, wie man das Schlimmste zu tun selbst in Gefahr gewesen wäre und vielleicht schon wieder in Gefahr ist. Als wirkliche und mögliche Sünder und Sünderinnen blicken die Gläubigen auf die schlimmsten Täter, weil sie letztlich nicht wissen, ob sie diese nicht in anderen Situationen noch überholt hätten („hätten wir nicht auch …?"), und weil sie deshalb nicht haben wollen, dass diese verdammt sein sollten.

Die letzte Verantwortlichkeit der Täter ist damit nicht zu verkleinern. Aber sie sind nicht allein in dieser Verantwortung. Kaum ein Kind wird später einmal Täter, das nicht auch Opfer gewesen ist. Da wir niemals allen Menschen gerecht werden, kommt dieses Niemals bei vielen Menschen als Missachtung und Verachtung an. So wissen wir letztlich nicht, wo wir durch Versäumungs- bzw. Unterlassungsschuld tatsächlich schuldig geworden sind.[34] Erst im Gericht wird dies offenbar werden. So gibt es keinen Selbstruhm selbstbewusster Gutheit, der immer mit dem Vergessen des wirklichen oder möglichen Unguten verbunden ist, bis in seine Verdrängung hinein. So ist die der Erinnerung nicht zugängliche oder entkommene Schuld aufzudecken, weil sie vielen tatsächlich geschadet hat. Jeder Mensch zieht durch die Geschichte auch eine dunkle Spur, lässt Schatten auf Geschichte und Geschichten fallen, wird am Ende eingeholt und auch in dieser Wirklichkeit geoffenbart.

Die Frage nach der Möglichkeit, gewissermaßen der Potenzialitätstest, dessen Ausgang ungewiss ist, ist die Frage nach der gefühlten Fähigkeit, was ein Mensch in einer anderen Situation getan hätte. Aus dieser Perspektive versteht man umso besser die Geschichte vom arroganten Pharisäer und vom zerknirschten Zöllner (vgl. Lk 18,11 bzw. 13).

Vertiefungen

1. Böse und geliebt

Die reformatorische Formel „simul justus et peccator“, gerechtfertigt und Sünder*in zugleich, hat mich schon seit jeher fasziniert. Dieses freizügig-gewagte Zusammenbringen eines logischen Widerspruches beeindruckt mich auch deshalb, weil dieser Widerspruch jeder Abschwächung widersteht und weil in dieser Formel eine universale Dynamik angelegt ist, die sich gegen jede Begrenzung auflehnt.

1.1 Ein „Abgrund“

Für den Gegensatz zwischen sündiger, also leidzufügender[35] menschlicher Existenz und der Gerechtigkeit Gottes gibt es schlechterdings keine Möglichkeit, aus der Kraft des Gegensatzes selbst heraus auf einem neuen Niveau „aufgehoben“ zu werden. Schon eher handelt es sich um eine „negative Dialektik“[36], womit das Unbehagen darüber zum Ausdruck gebracht wird, dass „Dialektik“ allein (als Versöhnung von These und Antithese in einer Synthese) noch zu wenig die Radikalität und Unversöhnlichkeit der anstehenden Widersprüche im begrifflichen Ausdruck garantiert.[37] In einer pluralitätsoffenen Zeit, wo man durchaus mit Recht die Gleichberechtigung widersprüchlicher Phänomene (zwischen Kulturen, Religionen, Gesellschaftsformen, Weltanschauungen, sozialen Gruppen und individuellen Menschen) ausruft, um den zerstörerischen Wertungsgefällen zwischen innen und außen, zwischen gut und böse, zwischen lebenswert und lebensunwert den Boden zu entziehen, ist dies eine Provokation.

Vielleicht sucht man manchmal allzu voreilig abschwächende Überbrückungen der Gegensätze. Dahinter stehen jene Übererwartungen an die Möglichkeiten eines Konsenses zwischen kontrastiven Lebensformen, der, würde er erreicht, dann auch gegenseitiges Verstehen und Tolerieren grundlegte – so glaubt man; eine zuweilen gefährliche Angelegenheit, wenn keine solche Konsenserfahrung zu ermitteln ist, weder auf der Basis einer universal gedachten Vernunft noch einer gemeinsamen Ethik. Dann erst zeigt sich das Problem in seiner ganzen Schärfe. Wie gehen wir miteinander um, wenn wir nur noch unsere Kontrastivität feststellen können, wenn es keine andere Überbrückung mehr gibt als die der vorbehaltlosen, durch solche Verstehensbedingungen eben nicht bedingten, also unbedingten Anerkennung der „ganz anderen" Lebensgestalt?[38] Nichts gegen Verstehens- und Konsensversuche. Nur reichen sie, dies zeigt die Menschheitsgeschichte erschütternd genug, nicht weiter als ihr eigener Radius. Sie erreichen nicht den Problembereich, der dieses Problem an seinem Grund erst zum Problem macht, nämlich das radikal unverständliche Anderssein der anderen und die Annahme ihres gleichberechtigten Lebensrechtes.

Dies alles ist schon schwierig, wenn es sich um Lebensformen handelt, die in ihrer Verschiedenheit doch jeweils im Großen und Ganzen ein menschenwürdiges Leben nach innen und nach außen betreiben, mit all den Ambivalenzen, die mehr oder weniger mit allen kulturellen, politischen und religiösen Manifestationen nach innen und nach außen verbunden sind. Was aber, wenn dieser quantitative Unterschied („mehr oder weniger") so in einen radikal sozialen Widerspruch umschlägt, dass hier die Unterdrücker, dort die Unterdrückten, hier die Täter, dort die Opfer sind? Dann geht es gerade nicht mehr um die Anerkennung eines Kontrastes in der Lebensform, sondern um die Entlarvung und Bekämpfung einer Macht, die die Freiheit der zu ihr widersprüchlichen Lebensgestalt durch die „einfachste" und damit brutalste Weise zerstört, nämlich durch die Zerstörung dieses Lebens selbst. Der Versuch einer abschwächenden Überbrückung solcher Widersprüche wird zum Verrat an denen, die darunter leiden. Jede Verkleinerung der angedeuteten Widersprüche ist ein fauler Kompromiss und hat konformistischen Charakter bezüglich der Herrschenden.

In Luthers Formel zeigt sich bereits alltagssprachlich ein ansonsten nicht vermittelbarer konträrer Gegensatz: Wer schuldig ist, kann nicht gleichzeitig gerecht(fertigt) sein. Dies gilt umso mehr, als man gerecht und unschuldig zusammenliest. Dann hätte man einen kontradiktorischen Gegensatz: schuldlos vs. schuldig. Normalerweise gibt es hier keine Überbrückungen mehr, es sei denn, man spricht Unsinn („der Schuldige ist schuldlos" wäre das Gleiche wie: „der Schimmel ist nicht weiß").

Der angebliche „Unsinn" der „Lieblingsformel Luthers" ist aber gerade ihr „Sinn".[39] Darin treffen kontradiktorische Gegensätze aufeinander: Sünder dem Tatbestand nach vs. Nicht-Sünder der Anrechnung der Rechtfertigung nach.[40] Zwischen beiden Polen liegt „ein Abgrund"[41]. Denn es gibt kein die beiden Pole verbindendes Wort. Die Formel Luthers umfasst die äußerst möglichen Extreme geschöpflicher Existenz, nicht nur zwischen Geschöpf und Schöpfer, sondern zwischen sündigem Menschen und heiligem Gott. Die Reichweite, die diese Formel abschreitet, ist die umfassendste und widersprüchlichste, die es gibt. Zwischen Sünde und Gott gibt es keine Kompromisse. „Sünde (ist) gleichsam der Riss durch das Sein, weil Sünde als Gottlosigkeit die Negation der Lebensmöglichkeit ist und damit schlechterdings die Lebensunmöglichkeit."[42]

Als Beschaffenheiten allein kann man die gleichzeitige Verbindung der Gegensätze also nicht begreifen. Wie ein Mensch nicht gleichzeitig groß und klein sein kann, so könnte er dann auch nicht gleichzeitig sündig und gerecht sein. „Luther aber ... denkt Sünde (und Gnade) gerade nicht nach dem Modell von Beschaffenheiten – selbst da, wo es so klingt. Er denkt sie als personale Beziehungen. Sünde und Gnade sind gegenläufige Beziehungen, in denen der Mensch lebt. Sünde ist die vom Menschen begonnene Beziehung der Feindschaft gegen Gott, des Widerstandes, der Verachtung, man könnte auch sagen: die vom Menschen abgebrochene Gottesbeziehung. Gnade, Gerechtigkeit dagegen ist die Beziehung der Freundschaft, der Gemeinschaft, der Zuwendung, die Gott mit dem Menschen trotz seiner Sünden, gegen seine Sünde immer wieder neu begründet. Ein Zugleich dieser beiden Beziehungen zu denken ist keineswegs unmöglich."[43]

Der Satz gilt also, insofern sich der Mensch in diese Beziehung hineinbegibt, die ihrerseits eine neue Schöpfung von Gott her am Menschen ist. Das rechtfertigende Wort Gottes für diese Beziehung muss sich der Mensch „sagen lassen, er muss, ganz einfach, glauben. Dadurch – nicht etwa, indem sie in sich selbst harmlos würde – verliert die Sünde ihre Macht, den Sünder von Gott zu trennen, das heißt ihn zu ‚verdammen'"[44]. Der Mensch bleibt Sünder, aber als solcher ist er von Gottes Rechtfertigung umfangen. Gott setzt keine Bedingung für seine rechtfertigende Gnade, etwa dass der Mensch nicht mehr Sünder*in sei. Der Mensch kann diese Bedingung gar nicht erfüllen, und täte er es, müsste er es selbstrühmerisch ohne die Gnade Gottes beanspruchen, was nicht möglich, sondern eine die Gottesbeziehung verkennende Einbildung ist. Gottes Rechtfertigung kann damit gar nicht anders als durch und durch bedingungslos aufgefasst werden.

Auch „gute Werke bleiben Gottes Werke, deshalb können Menschen sich ihrer niemals rühmen, sondern sie können mit ihnen immer nur Gott rühmen“[45]. Damit der Glaube nicht selber unter der Vermummung seiner Bedingung zum Werk wird, kann man sich auch nicht des Glaubens rühmen, sondern nur des Gottes, der ihn schenkt. Nach Luther ist der Glaube nicht als „Werk“ des Menschen zu verstehen, um der Rechtfertigung teilhaftig zu werden, weil der frei antwortende Glaube selbst ein bedingungsloses, ungeschuldetes Heilswerk Gottes ist. Ein solches Geschenk kann der Mensch weder als eigene Leistung anbieten noch kann man es erzwingen. Gleichwohl ist in der Praxis die Versuchung groß, den Menschen selbst die Schuld daran zu geben, wenn sie nicht den Glauben aufbringen, von Gott gerechtfertigt zu sein. Eigentlich müsste man mit Nicht-Glaubenden wie mit *diesbezüglich* Unschuldigen umgehen und mit ihnen Mitleid haben. „Es ist unerhört, dass ihr unter diesen Umständen so jeden Gefühls der Erschütterung entbehrt!“[46]

Auch Luther entgeht nicht der Versuchung, mit den Ungläubigen so umzugehen, als hätten sie und nicht Gott ihren Unglauben verursacht und als wäre nicht Gott selbst für ihr Unheil verantwortlich, womit Gott den Ungläubigen gegenüber selbst zum Satan werden würde.[47] Mit einem universalen Heilswillen Gottes hätte das nichts mehr zu tun.

Letzterer wäre aber gewahrt, wenn Luthers Einsicht in die Gnadenhaftigkeit des Glaubens nicht heilsexklusiv, sondern generierend und stellvertretend für das Heil aller Menschen aufgefasst werden könnte. Luther würde Recht behalten, aber ohne die negative Folie der Verdammung der Unerwählten. Im Jüngsten Gericht würde sich dann für alle ereignen, was der Glaube für alle erhofft. Denn dann sind alle Menschen erwählt, Gott zu „sehen", und die Notwendigkeit des Glaubens gäbe es nicht mehr.

Wenn der Mensch glauben muss, damit die Sünde ihn nicht von Gott trennt, wird der Glaube hinterrücks zur Bedingung des Heils. Wenn aber der Glaube selbst bedingungslose Gnade ist, dann kann *diese* Erwählung zum Glauben nicht die universale Bedingungslosigkeit der Gnade aushebeln, sondern ist eher ein garantierender Ausdruck für Letztere. Sonst würde Gott von vornherein bestimmen, wer in den Himmel und wer in die Hölle kommt. Eine solche göttliche Bestätigung des religiös-fanatischen Fundamentalismus kann man getrost vergessen. Ist aber die Gnade des Glaubens in dem Sinn inklusiv, dass darin das Heil aller Menschen behauptet wird, dann kommt diese Erwählung allen Menschen zugute. In einem solchen unauslotbaren „Ungrund" der Gnade verliert der Glaube daran in jedem Fall seinen bedingungsschweren Charakter.

1.2 Versöhnung ohne Entschärfung

Am Anfang steht jedenfalls nicht die Selbstveränderung des Menschen, sondern die Selbstzusage Gottes gegenüber dem unveränderten Menschen. Im Glauben an diese unbedingte Rechtfertigung ohne eigenmächtige Selbstveränderung (hinsichtlich des Sünderseins) aktualisiert der Mensch diese Beziehungsaufnahme Gottes als seine Beziehung zu ihm. Dabei ist nicht nur das Geglaubte, sondern der Glaubensakt selbst ein Geschenk der Gnade Gottes. Diese doppelte Gnade also ist die Bedingung der Möglichkeit, ja der Gewissheit des Heiles, dass aus dem verdammten Sünder ein begnadigter Sünder wird, dass aus der herrschenden Sünde eine von Gott im Menschen beherrschte Sünde wird, insofern sie nicht mehr zur Gottlosigkeit führt und nicht mehr die Gottesgemeinschaft durchkreuzt, die sie von sich aus durchkreuzen müsste.[48]

Eine Streitfrage blieb dabei das Verhältnis von Rechtfertigung und Heiligung. Andreas Osiander, Stadtreformator von Nürnberg, vertrat die Auffassung, dass die Rechtfertigung den Menschen wirklich zum Gerechten mache durch die Aneignung der Gnade im Herzen des Menschen. Dagegen standen die Wittenberger, die die Rechtfertigung forensisch als Zurechnung der Gerechtigkeit verstanden bis hin zu der Meinung, dass die Rechtfertigung auf den Menschen wie auf einen Steinblock treffe, weil die Gnade auf nichts treffe, wo sie ansetzen könnte.[49] Im letzteren Fall bliebe der Mensch schlecht, aber es würde ihm nicht angerechnet. Die damit einhergehende Folge, dass, egal was man tue, nicht angerechnet wird, wirkt dann doch ziemlich abschreckend. Die immer wieder öffentlichkeitswirksame Vorstellung, dass katholische Gläubige fest sündigen können, weil ihnen in der Beichte ja alles vergeben wird, ist kaum der weniger bekannten Vorstellung gewachsen, dass es Gott ziemlich egal sei, was alles zu rechtfertigen sei.

Jedenfalls eliminiert die Rechtfertigung nicht den widersprüchlichen Pol ihrer selbst – sie müsste sonst die

Sünder*innen eliminieren –, sondern setzt sich dazu in Beziehung. Des Menschen Herz ist „widerwillig gegen Gott ... Auf dieses böse Herz ist der je neue Glaube an Gottes vergebende Annahme primär zu beziehen. So besteht eine strenge und radikale, auch nicht einen Augenblick unterbrochene Koexistenz von Sünde und (Glaubens-)Gerechtigkeit, und *diese* Koexistenz ist die innere Struktur des Gerechtseins hier auf Erden. Hier ist also Ja und Nein zur selben Frage, der letzte, nach Ausschaltung der Missverständnisse nur umso schärfer heraustretende Gegensatz mitten in der Nähe."[50] Gott zieht sich angesichts des radikalen Gegenteils seiner selbst nicht zurück, sondern „umarmt" es in der Rechtfertigung in seiner geschenkten Beziehung mit diesem „Feind". Das ist *Gottes* epochale Feindesliebe. So kommt es zu einer permanenten „Koexistenz" der äußersten Pole zugunsten einer äußersten Nähe, die nicht durch eine Reduktion des Gegensatzes, sondern durch eine Erweiterung des göttlichen Aktions- und Schöpfungsradius in die gefallene Schöpfung und in die künftige Neuschöpfung hinein möglich ist.

Außerhalb der Rechtfertigung Gottes gibt es (wenn man nicht Fremd- bzw. Selbsttäuschungen unterliegt) schlechterdings weder eine sprachliche noch eine wirkliche Überbrückung zwischen Gut und Böse, zwischen Heil und Sünde, zwischen den Kräften des Todes und den Kräften des Lebens (vgl. Dtn 30,19). Darin zeigt sich die abgrundtiefe Gespaltenheit und Zerrissenheit der Welt und der Menschen. Diese Dualität rechtfertigt gerade nicht dualistische Strategien, in denen Gnade und Sünde zwischen eigenen und fremden Bereichen aufgeteilt werden, weil diese Zerrissenheit quer durch alle Existenzbereiche verläuft. Umgekehrt darf diese Entdualisierung der Welt nicht um den Preis einer abschwächenden Vermittlung dieser Zerrissenheit in allem geschehen.

Da Gottes Versöhnungskraft keine Bedingungsgrenzen kennt, umfasst sie auch die äußerste Unüberbrückbarkeit zu sich selbst, die Sünde; sie überbrückt diesen Abgrund, ohne seine Breite und Tiefe zu verringern. Deshalb ist es weder nötig noch möglich, im welt- und sprachimmanenten Gehäuse dieses Äons nach selbstproduzierten und selbsterlöserischen Überbrückungen zu suchen. Sie unterliegen alle dem Verdikt der selbstrühmerischen Machbarkeit der Menschen. Wo aber der menschliche Selbstruhm, sei es auf die Werke, sei es auf den Glauben, beginnt, hört die Gnade auf, und wir landen in der Moralisierung dessen, was uns eigentlich geschenkt wäre. Für Werke wie für den Glauben gilt: „Wer sich aber rühmt, der rühme sich des Herrn. Denn darum ist einer nicht tüchtig, dass er sich selbst lobt, sondern dass ihn der Herr lobt“ (2 Kor 10,17–18).

Auf diese Weise erfahren sich die Menschen im Glauben von Gott in ihrer zerrissenen Existenz aufgedeckt und zutiefst verstanden als diejenigen, die sie wirklich sind. Und das ist mehr und das ist etwas ganz anderes, als mit eigenen Argumenten und Entschuldigungen Recht haben zu wollen. „Wenn Gott die Menschen rechtfertigt, so können sie davon ablassen, sich immerfort selbst rechtfertigen zu müssen.“[51] Denn allen menschlichen Rechtfertigungen ist Misstrauen entgegenzubringen: „Kritik der Rechtfertigungen heißt, nicht länger hinnehmen, was mit leichter Hand gerechtfertigt wird … was nicht zu rechtfertigen ist: das der Liebe Widersprechende zu rechtfertigen; Versuche, den anderen die Verantwortung für ihre Not und ihre Abhängigkeit zuzuschieben. Wer sich rechtfertigt, desolidarisiert sich."[52] Man kann sich dann die beschönigenden fiktiven Selbstbildnisse und damit alle Sündenbockprojektionen gründlich sparen. Wir brauchen vor Gott nichts vorzuspielen, was wir nicht sind; wir müssen vor ihm nicht in der großspurigen „Alles-oder-nichts"-Mentalität[53] auftreten (die sich entweder überichhaft und gewalttätig auswirkt oder aber resignativ lähmt), auch nicht in die „Entweder-oder-Falle" (in anmaßenden Urteilen zwischen gerechtfertigt und nicht gerechtfertigt) tappen,[54] denn wir alle sind ihm – in unserem „Nichts" – alles wert. Wer so gerichtet ist, ist zugleich gerettet.[55]

Uns hilft nicht die Leugnung unserer Zerrissenheit, sondern ihre unverstellte Wahrnehmung. Nur wenn die darin liegenden Widersprüche als solche nicht verdrängt oder überspielt werden und nur wenn die göttliche Daseins-Rechtfertigung das in das sündige Chaos gefallene Sosein der Schöpfung umfasst, wird die Paradoxie der weltlichen und menschlichen Existenz „angemessen" ernst genommen. Wenn es nicht Gott in seiner unendlichen Überbrückungsdynamik wäre, dem wir diese Rechtfertigung alles Seins verdanken, es müsste ihn zerreißen, so unvorstellbar ist das alles.

1.3 Keine Bedingung?

Dies beeindruckt mich sehr: Es gibt keine Verbindung zwischen beiden Polen, denn gerade diese ist ja zerbrochen! Ihre Beziehung ist voraussetzungs-, begründungs- und bedingungslos, sie ist unverdient und unerworben. Und dies gilt nicht nur für den Inhalt der rechtfertigenden Gnade Gottes, sondern bereits für ihre Annahme. Gott ist bedingungslos gnädig und der Glaube daran ist bedingungsloses Geschenk. Letzteres spiegelt sich im Glaubensvollzug des Menschen als dessen bedingungsloses Vertrauen hinsichtlich der bedingungslosen Gnade Gottes. In solcher wechselseitigen Bedingungslosigkeit wurzelt auch die Glaubens- und Hoffnungsgewissheit, denn für einen solchen Glauben werden keine Begründungen mehr benötigt. Das Wort von der Gnade Gottes ist in sich Begründung genug.[56]

Doch gibt es einen solchen unbedingten Glauben bei den Menschen immer nur als Weg, nie als einen perfekten Zustand, weil sich auch des Menschen Glaube immer noch im Bereich seiner sündigen Existenz befindet und daran Anteil hat. Der Unglaube „ist … die dunkle andere Möglichkeit, die der Glaube nie ein für allemal hinter sich bringt …, von der er sich darum immer neu ablösen muss, um er selbst zu werden und zu sein. Konkret: Der Glaube ist stets bedroht vom Schatten seiner Negation …“[57] Diese Einsicht lädiert nicht die Heilsgewissheit des Glaubens, sondern die Selbstgewissheit, glaubend zu sein. Auch diesbezüglich kann der Glaube in sich nichts Selbstrühmerisches aufnehmen. Umgekehrt muss aber gerade von der totalen Unbedingtheit der Rechtfertigung dann wieder die Rede davon sein dürfen, dass Gottes Gnade auch in Hinsicht auf einen „unreinen“ Glauben voraussetzungsfrei wirksam ist.[58] Dies wiederum im Glauben zu ergreifen ist ein Akt der Bescheidenheit im Glauben selbst.

Luther emanzipiert sich vom kirchlich vermittelten Heilsglauben. Denn die Kirche wirkt umso diabolischer, je mehr sie sich und ihre sakramentalen und institutionellen Symbole[59] für die Heilsvermittlung verabsolutiert, durchaus in die Richtung des Satzes: „außerhalb der Kirche kein Heil“. Luther setzt dieser ausgrenzenden Verabsolutierung eine nunmehr andere Absolutheit entgegen: außerhalb des Glaubens kein Heil. Wer Letzteres nicht begreift und akzeptiert, verfällt Luthers schrecklicher Polemik, Satanswerk zu tun oder zu sein.[60] Zwar entthront Luther in grandioser Weise die römische Kirche und ihre religiöse Macht über die Menschen, nicht aber den Absolutheitsanspruch als solchen. Vielmehr überträgt er diesen auf den Glauben und verwirklicht ihn dort neu.

Der persönliche Glaube[61] wird zum „Kriterium des Wahrheitsgehalts"[62] und übernimmt die Funktion, die vormals die Kirche innehatte. Nunmehr zählt allein dieser Glaube, und zwar als bedingungsloses Vertrauen des Einzelnen in das versöhnende Wort der Rechtfertigung Gottes. Luther „trägt das gewaltige Fundament der objektiven Kirche ab, er setzt an seine Stelle die Individualität des einzelnen Menschen, samt seinen Rechten, seiner Würde, seiner ganzen sündigen Einsamkeit, Verlorenheit, Nichtigkeit vor Gott"[63]. An die Stelle der institutionellen Forderungen der römischen Kirche tritt nun die Freiheit des Christenmenschen, sofern sie aus diesem Glauben heraus wächst (was noch nicht den neuzeitlichen Freiheitsbegriff tangiert, der auch die straffreie Freiheit *gegenüber* dem Glauben in den Blick nimmt).

Selbstverständlich streicht Luther die Kirche nicht, versteht sie nunmehr allerdings als eine sekundäre Größe, die sich aus der Gemeinschaft eben jener Menschen zusammensetzt, die in dieser Weise glauben. Indem dieser Glaube die innere Struktur der Kirche bildet, ist sie „streng glaubenspersonal" und von daher primär Schuld- und Rechtfertigungsgemeinschaft.[64]

2. Kirche und Glaube

Ich trete einen Schritt zurück, auf der Suche nach einigen Konsequenzen, die ich angesichts akuter zeitgenössischer Herausforderungen mit diesen Überlegungen verbinde. Die fundamentalistischen Kreise in den Kirchen illustrieren, dass die Absolutsetzung einer bestimmten Glaubensfrömmigkeit[65] genauso anfällig und produktiv ist für ausgrenzende und abwertende Haltungen wie die Verabsolutierung der Kirchenzugehörigkeit. Von daher stellt sich angesichts der Pluralität unterschiedlicher Lebensformen sowie ihrer auch strukturell verschärften Entsolidarisierungstendenzen die Frage, wie sich in diesem Feld Kirchen und Glaube bewegen.

2.1 Entgrenzungswege

Martin Luther ist in seiner Rechtfertigungstheologie zu der Vorstellung einer bedingungslosen Gottesliebe vorgedrungen, allerdings noch nicht radikal genug, sondern nur unter den Bedingungen des Glaubens. Denn Luther kennt Muslimen und Juden gegenüber wenig Gnade, weil sie nicht an Christus glauben. Eine solche Einstellung hat Paulus selber theologisch durchbrochen, wo dieser in Röm 9–11 darüber nachdenkt, dass das Heil auch den nicht zum christlichen Glauben gekommenen Juden zuteil wird.[66] An ihnen wird verdeutlicht, was Rechtfertigung Gottes ist, nämlich die sich gegenüber allen schwierigen Vorgegebenheiten durchsetzende Gnade Gottes.

Was für die protestantische Welt die Gefahr ist, den Glauben zur Bedingung des Heils zu machen, ist für den katholischen Bereich die analoge Gefahr, die Kirche zur

Bedingung des Heils zu machen in dem Satz „außerhalb der Kirche kein Heil", auf dem Konzil von Florenz (1438–1445)[67] eingeschärft, von Pius XII. im Jahr 1947[68] als Häresie verurteilt und auf dem Zweiten Vatikanum endgültig in der Einsicht widerlegt, dass weder die Glaubens- noch die Kirchengrenzen die Heilsgrenzen sind.[69]

Für den Umgang mit NichtchristInnen ist immer von Bedeutung, welches theologische Bild man von den „Nichtdazugehörigen" hat. Die heilsbezogene Ausschließlichkeit, mit der die katholische Kirche sich selbst beschenkte, hat in der Geschichte Ströme von Blut und die Vernichtung ganzer Kulturen produziert bzw. legitimiert. Mit dem Zweiten Vatikanum (1962–1965) hat sich die katholische Kirche im eigenen Machtzentrum hinsichtlich der Gottes- und Wahrheitsgegebenheit in der Welt relativiert und damit in konstruktive Relationen zu Gottes- und Wahrheitsgegebenheiten außerhalb ihrer selbst gebracht. Als theologische Grundlage gilt die Vorstellung von der tatsächlich universalen Gegenwart Gottes in der Welt, überall, in Freud und Leid, im Leben und im Sterben gegeben (vgl. Röm 8,26–27), nicht überall erfahrbar, aber überall möglich, in je unterschiedlicher Gebrochenheit in der gesamten Geschichte der Menschen und Kulturen wie in ihren je eigenen Glaubenswelten.[70] Diese Relativierung der Kirche geschieht interreligiös (auch interkulturell) vornehmlich durch die Entgrenzung des Wahrheits-, interkonfessionell durch die Entfundamentalisierung des Kirchen- und beides überhaupt durch die Entmonopolisierung des Glaubens- und Gottesbegriffes. Damit holt die Kirche die reformatorische Einsicht nach, dass die Kirche keine primäre, sondern eine relative, werkzeughafte[71] Größe zu sein habe.

So behauptet das Zweite Vatikanum im Glauben das Heil Gottes für alle Menschen: „Die katholische Kirche lehnt nichts von alledem ab, was in diesen Religionen wahr und heilig ist. Mit aufrichtigem Ernst betrachtet sie jene Handlungs- und Lebensweisen, jene Vorschriften und Lehren, die zwar in manchem von dem abweichen, was sie selber für wahr hält und lehrt, doch nicht selten einen Strahl jener Wahrheit erkennen lassen, die alle Menschen erleuchtet" (Nostra aetate 2).[72] Das hier zum Ausdruck kommende Wahrheitsgefälle wird von der in dieser Wahrheit selbst verankerten radikal universalen Heilszugehörigkeit aller unterfangen: „Auch hat ja Christus, wie die Kirche immer gelehrt hat und lehrt, in Freiheit, um der Sünden aller Menschen willen, sein Leiden und seinen Tod aus unendlicher Liebe auf sich genommen, damit alle das Heil erlangen. So ist es die Aufgabe der Predigt der Kirche, das Kreuz Christi als Zeichen der universalen Liebe Gottes und als Quelle aller Gnaden zu verkünden" (NA 4). So wird ein wahrheitsbezogen gestuftes und heilsbezogen gleichstufiges theologisches „Vorurteil" bezüglich der nichtchristlichen Kulturen und Religionen zugrunde gelegt, wobei der gestufte Wahrheitsanspruch in sich an den Inhalt des allumfassenden Heilszuspruchs gebunden ist.

Die gestufte Kirchlichkeitszugehörigkeit bzw. Christentumsnähe ist also nicht identisch mit der Reich-Gottes-Zugehörigkeit und hat überhaupt nichts zu tun mit einer gestuften Gnadenzugehörigkeit. Gottes Liebe ist nicht teilbar: Sie gilt allen Menschen ungestuft. Soziologisch oder inhaltlich gestufte Kirchennähe wird also immer durch die ungestufte Gnadenzugehörigkeit aller Menschen durchkreuzt.

Dieser im Kreuzesgeschehen verankerten Durchkreuzung entspricht auf Seiten der protestantischen Kirchen die Relativierung des ausdrücklichen (christlichen) Glaubens als notwendiger Bedingung der Rechtfertigungsgnade. Dies gilt umso mehr, als dieser Glaube als Geschenk Gottes angesehen wird. Ansonsten würde Gott selbst seiner universalen Heilsabsicht im Wege stehen. Dies wäre nicht nur eine Pathologisierung Gottes (insofern er in paradoxer Kommunikation selbst vernichtet, was er an universalem Heil erreichen will), sondern auch der Menschen, die an ihn glauben. Denn ihnen wäre es letztlich versagt, ihre Verkündigungsrede vom universalen Heil Gottes praktisch über ihren eigenen Kreis hinauszutreiben, was zu der fundamentalistischen Mentalität führen würde, die Außenstehenden seien als „Gottlose" nicht gerechtfertigt und damit verloren. Dagegen stünde die Einsicht: Gott rechtfertigt die „Gottlosen", auch wenn sie dies bleiben. Luthers Auffassung, dass Gottes Liebe dem Menschen von außen zukommt, ohne sein Zutun, was immer dieses Zutun sein mag, öffnet gerade dafür den Weg. Die Menschen müssen nichts dafür an Bedingung aufbringen, auch nicht den Glauben.

Die Kirchen dürfen sich diesbezüglich durch die reformatorische Theologie Huldrych Zwinglis entgrenzen lassen, in der die Gnade Gottes auch noch einmal in Bezug auf den Glauben als unbedingt und voraussetzungslos gilt. Der Glaube ist Ausdruck der Gnadenerfahrung, aber nicht Bedingung der Gnadenwirksamkeit. Über die Grenzen des Offenbarungsglaubens hinaus hält Zwingli die Wirksamkeit der Gnade offen und vertritt damit eine Universalität, die es verbietet, nach menschlichen Maßstäben Grenzen zu ziehen.[73] Damit entfaltet sich die Freiheit Gottes „als die Bedingungslosigkeit des dem Menschen geschenkten Heils, als die Vorgegebenheit des Heils vor aller kreatürlichen Geschaffenheit und Wirksamkeit“[74]. So gilt also nicht die Verkündigung: „Du musst glauben, damit dich Gott liebt!“, sondern: „Du darfst glauben, dass Gott dich und die anderen liebt und rettet!“[75] Diese Rettung hat endzeitlichen Charakter in dem Sinn, dass wir sie von Gott her für alle Menschen hoffen dürfen, aber auch in dem Sinn, dass sie schon jetzt für alle Menschen gilt und dass insbesondere die Christen und Christinnen jene sind und zu sein haben, die diese universale Rettung Gottes in ihrem sozialen und politischen Handeln, in ihrer Barmherzigkeit und Gerechtigkeit also, wirksam vorwegnehmen, je nach ihren Möglichkeiten und Begrenzungen und manchmal über diese hinaus.[76]

Der Glaube ist nicht nur nicht die Bedingung der Gnade, sondern auch nicht die exklusive Bedingung von Gnadenerfahrung, denn Letztere kann es in jedem Menschenleben innerhalb des Gottesvolkes der ganzen Menschheit geben. Die Pastoralkonstitution des Zweiten Vatikanums zählt alle Menschen zu Gottes Volk. Man wird davon ausgehen dürfen, dass Gott auch für diejenigen, die nicht den christlichen Glauben haben, Geschenke eines Glaubens bereithält, in denen auch sie im Modus ihrer eigenen Kulturen und Religionen etwas von den inhaltlichen Prozessen der Rechtfertigung erfahren und von daher zur Gerechtigkeit und Barmherzigkeit getrieben werden. Immerhin preisen die Suren des Korans (bis auf eine) Gott als den Allerbarmer. Der christliche Glaube ist demnach nicht die Bedingung der Erfahrung von Gnade überhaupt, sondern schenkt die Möglichkeit, die Gnade in einer besonders authentischen Weise formulieren und erleben zu dürfen.

Gegenüber den Hauptstrategien des vergangenen Jahrtausends und den damit verbundenen Missionskonzepten ist ein kommendes Jahrtausend einzuläuten, in dem – hoffentlich und jedenfalls – die christlichen Kirchen (mit der entsprechend beispielhaften Einladung an die anderen Religionen) die menschen- und gerechtigkeitsnotwendige Solidarität gerade deswegen nicht an einen obligatorischen Gottesglauben binden, weil durch Letzteren eben diese Solidarität hintertrieben wird.

2.2 Die ganze Welt

Wenn die Rechtfertigungsgnade ausnahmslos allen Menschen gegeben und garantiert ist, kann man noch einen Schritt weitergehen, einen Schritt, der sich schöpfungstheologisch nahelegt. Denn die Sündigkeit, die Nichtigkeit bezieht sich nicht nur auf Menschen, sondern auf alle ihre Lebenszusammenhänge. Die ganze Welt hat Anteil an dieser Nichtigkeit vor Gott. Gibt es eine Möglichkeit, die Rechtfertigungstheologie nicht nur individuell zu denken, sondern global und interkulturell, kosmisch und welthaft, damit auch strukturell? Und zwar das alles nicht nur indirekt als Anwendungsbereich der persönlichen Rechtfertigungslehre hinsichtlich guter Taten im sozialen Verhalten und in entsprechenden politischen Optionen, sondern als direkter Empfangsbereich des Rechtfertigungsprozesses selbst? So dass die Gnade in die weltlichen, z. B. ökonomischen Systeme hineinreicht?

Wenn es stimmt, dass sich Gottes universales Heil mittels der Rechtfertigung sündiger Existenz (noch bevor sie sich verändert hat) realisiert, dann kann die Rechtfertigung nicht nur für Personen gelten, sondern sie gilt für das ganze Universum: Radikale Unbedingtheit ermöglicht radikale Universalität oder sie wird nicht radikal genug gedacht. Man wird davon ausgehen dürfen, dass die Rechtfertigungsdynamik über ihre subjektive Aktivierung im christlichen Glauben hinaus grundlegendere Gegebenheitsstrukturen in der Geschichte aufweist.[77]

Wenn ich nicht an die Rechtfertigung der gesamten Welt glaube, dann bleibt die Rechtfertigung auch für die Strukturen und das, was man „strukturelle Sünde“ nennt (siehe unten Kap. Mut und Demut 2.3), bedeutungslos, dann fallen alle systemischen Dimensionen aus der Rechtfertigung heraus. Die Liebe Gottes kann sich nicht nur auf den aus der Welt herausoperierten Menschen beziehen, sondern umfasst die Welt, die Tiere, die Natur und die kulturellen Zweitnaturen. Dies bezieht sich schon auf die ursprünglichste Überlebenshandlung des Menschen, auf sein Essen und Trinken. Außerhalb des Paradieses entzieht der Mensch mit der Nahrung, die er braucht, zugleich der Natur und nicht selten auch anderen Menschen nicht nur Nahrung, sondern auch das Leben. „Das auf Nahrung angewiesene Leben lebt vom Tod anderen Lebens.“[78] Im Reich des Messiaskönigs wird dies nach Jes 11,6–8 nicht so sein.[79] Denn Kalb und Löwe weiden zusammen und der Wolf wohnt beim Lamm. Tierfrieden und Messianische Zeit bedingen sich gegenseitig.

Alle Menschen sind mehr oder weniger jederzeit vernetzt in Erwartungszuweisungen, Rollen und Funktionen, die strukturell vorgegeben sind. Nur in diesen bedingenden Kontexten können sie sich zu sich selber verhalten, zwischen Bejahung und Ablehnung bzw. zwischen Kritik und Verbesserung. Nur zusammen mit ihnen sind sie gerechtfertigt, oder sie sind es nicht. Und auch die endzeitliche Neuschöpfung betrifft nicht nur die Menschen, sondern ihre neue Erde, nicht nur den Geist, sondern alles Leibliche und Materielle.

Eine nur auf ihren persönlich-spirituellen Radius reduzierte Rechtfertigungsgnade (selbst wenn sie sich mit persönlichen guten Taten verbindet) würde die drängenden Belange religiöser, sozialer und globaler Gerechtigkeit unterbestimmen: eben nur als praktische Anwendung der „eigentlichen" göttlichen Rechtfertigung der einzelnen Gläubigen, nicht aber als unmittelbare Wirkungsbereiche der Rechtfertigung selbst.

Selbstverständlich ist Rechtfertigung auch hier nicht in dem Sinn verstanden, dass sie die sündige Existenz der persönlichen und strukturellen Bereiche durch hemmungslose göttliche Umarmung stabilisiere, sondern Rechtfertigung meint auch im welthaften Bereich, dass die plurale Welt in ihrer ganzen sündigen Existenz vorgängig und unbedingt in der Versöhnung von Gott angenommen ist, damit sie sich aus der Kraft dieser Annahme heraus in Richtung auf die göttliche Barmherzigkeit und Gerechtigkeit bewegen kann. Gläubige Menschen sind Akteure dieser Dynamik. Christliche Glaubensaussagen verbinden sich derart mit den Menschenrechten.[80] So hängt alles am „globalisierten" Verständnis der Gnade im Horizont einer radikalisierten Rechtfertigungstheologie.

2.3 *Unterschiedslos und unterscheidend*

Gottes Versöhnung umfasst prinzipiell, bedingungs- und unterschiedslos alle sündige Existenz in Geschichte und Welt. In dieser Form der Versöhnung umfasst Gottes Geist alles Geschaffene. Davon zu unterscheiden ist selbstverständlich jene ebenfalls universale Wirklichkeit des Geistes Gottes, durch die Menschen (aller Religionen und Kulturen) befähigt werden, ihre Nächsten durch „freie Selbstrücknahme“ zu stärken[81] bzw. sich vom Gott ihres Lebens gnadenhaft stärken lassen.

– Zum Ersten: Die Rechtfertigungsgnade bestätigt nicht die Taten der darin geliebten Menschen, sondern setzt sie umso mehr der unterscheidenden Kritik aus, als sie Menschen unterschiedslos liebt. Wie es bei Eltern sein kann, dass sie ihren Söhnen und Töchtern auch dann die (dann schmerzliche) Liebe nicht entziehen, wenn diese Schlimmes getan haben. Wenn man die Lutherformel ernst nimmt, gilt sie deshalb auch für diejenigen, die das Reich Gottes ablehnen und zerstören, sei es in zwischenmenschlicher Praxis, sei es in ihrer gottverleugnenden Ideologie (nicht nur im atheistischen, sondern auch im Glaubens-Bereich selbst). Jesus hat die Zerstörung, die sich Menschen antun, bekämpft, aber nicht durch Distanz von den sündigen Menschen, sondern durch umso größere Nähe zu ihnen. Die Sünde, nicht die Sünder*innen, wollte er beseitigen, indem er an ihre Seite trat und keine Berührungsangst gegenüber den Tätern und Täterinnen hatte.

In ihnen die Unbegreiflichkeit ihrer und unserer eigenen Sündenverfallenheit wahrnehmen und aushalten, ihnen über alle Unverständlichkeit hinweg „grundlos“ Gottes Nähe zusprechen – dies wäre christliche Existenz am Ort der realen Sünde. Denn Gottes Gerechtigkeit gilt für den Sünder und die Sünderin unbedingt und voraussetzungslos. Sie ruft uns in eine prekäre Nähe zu den Sünder*innen, um ihr Gesicht zu sehen und ihnen zu ermöglichen, wieder Gesichter wahrzunehmen.

Es gehört zur menschlichen „Nachfolge" des göttlichen Rechtfertigungshandelns, auch selbst die böse handelnden Menschen nicht zu verdammen, sondern als Menschen im Radius der Rechtfertigungsgnade wahrzunehmen und zu schützen. Hier hätten Christ*innen ungeahnte Ressourcen in Glaube und Theologie, mit den Täter*innen nicht primär im Horizont von Abgrenzung, Bestrafung und „Entsorgung" umzugehen. In Gen 4,15 macht Jahwe dem Kain ein Zeichen, damit er nicht erschlagen werde. Der Täter steht also unter dem „strengen Schutz" (Gerhard von Rad) Gottes. Kain ist fürs Leben gezeichnet, gerade dadurch ist er für das Leben gezeichnet. Hier wäre noch viel zu einer christlichen „Täterpastoral" zu sagen, die als integrativer Bestandteil einer diakonischen Pastoral (also einer Pastoral mit den Leidenden) zu entwickeln wäre. Wir werden lernen dürfen, den Sünder*innen in und um uns nahezukommen.

– Zum Zweiten: Die erstere unterschiedslose Universalität der Rechtfertigung ist die Bedingung dafür, dass es die Macht des Geistes Gottes unter den Menschen gibt. Denn ohne liebevolle Annahme gibt es keine entsprechend liebevolle Einwirkung. Die konkreten Kraftfelder des Geistes, insofern er sich in der Nächsten- und Feindesliebe der Menschen zeigt, begegnen nicht unterschiedslos universal: Sie können überall vorkommen, aber sie kommen nicht überall vor, sondern befinden sich überall im Widerspruch zu den Manifestationen der Zerstörung und Menschenverachtung.[82] Das Gerecht-gesprochen-Sein bezieht sich auf *alles* Sündige, doch sind die Bereiche begrenzt, in denen das Sündige sich der Gerechtigkeit öffnet, sei es thematisch im christlichen Glauben, sei es unthematisch bzw. anderweitig thematisiert, dergestalt dass

Christus, der den Christ*innen offenbarte Gottessohn selbst, durch den die Schöpfung geschaffen ist und erhalten wird, in fremden Kulturen und Religionen lebt *und* Heil wirkt.[83]

Gilt für die Schuldgemeinschaft der Menschen die von jeder Bedingungsordnung abgelöste Rechtfertigungsgnade ausnahmslos und flächendeckend, so sind die positiven Manifestationen der Gnadengemeinschaft oft begrenzt, in der Minderheit, nicht selten auf dem Weg zum Kreuz. Dennoch und gerade deswegen ist diese Gnadengemeinschaft oft „unendlich" weiter zu sehen als die institutionellen kirchlichen Bereiche bzw. als die expliziten christlichen Glaubensbereiche. Und niemandem kann entgehen, dass es einen hier wie dort quer verlaufenden permanenten Kampf gibt zwischen den negativen Bereichen, die sich weder begnaden lassen noch begnadigen, und jenen Bereichen, die sich versöhnen lassen und versöhnen.

2.4 Gabe des Glaubens

Gott allein gewährt die Gabe des Glaubens, und zwar ohne die fatalen Ausgrenzungen fatalistisch geprägter Prädestinationsvorstellungen, wonach Gott vorherbestimmt, wer die Gabe des Glaubens erhält und wer nicht und deshalb verdammt ist. Dies ist nicht der Horizont der Erwählung, sondern die Stellvertretung, für alle diesen Glauben empfangen zu dürfen, ist ihr Horizont.[84] Diese Erwählung kann sich nur zugunsten der Erwählung auch der anderen, der Nichtglaubenden ereignen. Man kann den Glauben nicht „machen". Und man muss es auch nicht. Gerade wenn Gott abgrundtief Liebe ist, kann man nicht sagen: Du musst dich erst von Gott lieben lassen, damit er dich wirklich liebt. Niemand ist schuld, wenn er/sie den Glauben nicht geschenkt bekommen hat. Dies wirft ein neues Licht auf das Verhältnis von Gnade und verdammungsloser Freiheit.[85] Die Vorsehung ereignet sich als Vor- und Fürsorge, als Für-Sehung.[86]

Darin zeigt sich auch das unergründliche Geheimnis der göttlichen Freiheit, nämlich zu diesem Glauben zu erwählen, wen Gott will, aber nicht gegen die anderen, die nicht erwählt sind, sondern in Proexistenz, im Dasein für sie. Diese Botschaft kommt im Glauben zum vertrauenden Bewusstsein, zur Feiergestalt, von der her das Leben eine andere Gestalt gewinnt. Offensichtlich „genügt" Gott diese Gestalt in einer begrenzten sozialen Wirklichkeit durch die Geschichte hindurch, mit stellvertretender Qualität für alle Menschen. Wie es ihm auch „genügte", in einem Menschen, nämlich in Jesus von Nazareth, und nicht in einem allumfassenden Kollektiv diesen sanktions- und drohungsfrei geschenkten Glauben darzustellen und zu verwirklichen.

Dass Gott den Glauben gibt, verhindert jede Selbstvergottung von Gläubigen und Kirchen, als könnten sie diesbezüglich etwas besitz- oder machhaft in der Hand haben. Der Glaube ist reine Gabe, bedingungslos gegeben und keine Bedingungen herstellend. In dieser Unbedingtheit liegt die Botschaft, dass alle Menschen von Gottes Liebe bereits beschenkt sind, noch bevor die antwortende Liebe (im Glauben) die Gabe ins empfangende Bewusstsein hebt, das nicht notwendig ist, um geliebt zu werden. Der Jüngste Tag, der den Tod zertrümmert, wird dies alles offenbar werden lassen, wenn alle Menschen blockadefrei in diese unendliche Gabe, die Gott ist, aufgenommen werden, wo der Glaube endgültig überflüssig wird, weil diese unbedingte Liebe von Angesicht zu Angesicht erscheint. In diesem Angesicht kann niemand aus der Liebe herausfallen. In ihr wird alles, was lieblos war, als höllischer Schmerz erlebt, nicht außerhalb der Liebe Gottes, sondern gerade in ihr ermöglicht und verschärft.

In diesem Zusammenhang ist auch darauf hinzuweisen, dass bereits innerhalb christlichen Sprachspiels die entgrenzende Wirklichkeit Gottes vielfach thematisiert wird, z. B. in Sätzen wie: Christus ist alles in allem (vgl. Kol 1,16–20), insofern mit der geschichtlichen Gegenwart Christi auch in anderen Kulturen und Religionen „gerechnet“ wird. Gnade und Glaube an die Gnade sind nicht exklusiv an das christliche Traditionsgut gebunden. Dieses ist „nur“ (aber das ist viel!) die höchst authentische Ausdrücklichkeit dessen, was überall der Fall sein kann.

Selbstverständlich ereignen sich solche Einsichten nicht in der selbstrühmerischen Weise, in der sich Christ*innen eine ignorante Besserwisserei leisten könnten: Was ihr habt, haben wir schon lange und vollkommener. Auch nicht die Vereinnahmung der „anderen“ ist angezielt, sondern die Anerkennung ihrer Würde und die Hochschätzung ihrer Identität aus der Perspektive dessen, was man bei sich selbst hochschätzt, weil man es für lebensbereichernd und glaubensbedeutsam hält.

Jede interreligiöse und interkulturelle Kommunikation ist darauf angewiesen, von der eigenen inhaltlichen Identität auf die andere zuzugehen, mit viel Geduld Korrespondenzen zu entdecken und der anderen Identität das Nicht-Korrespondierbare, das Fremdbleibende also, zu lassen, es nicht zu attackieren (es sei denn, dieses andere unterliegt der Kritik unmenschlicher Praxis und beengenden Glaubens, dies aber auch auf die eigenen Bereiche bezogen) und auch nicht in ungestümer Umarmung entreißen zu wollen. Ja gerade im unverständlich Fremden kann eine geschichtliche Gegenwart des unbekannten und geheimnisvollen Gottes vermutet werden, dessen Kreativitätsreichtum in diesem Äon schier unendlich viele kontrastive Formen annimmt.

Was sozialwissenschaftliche Untersuchungen zur Solidaritätsfähigkeit religiöser Sozialgestalten ergeben haben,[87] nämlich dass insbesondere vernetzte und nichtautoritäre Religiositäten in einer signifikanten Weise bedeutend mehr Solidaritätswerte aufweisen als autoritäre und abgeschlossene, stützt diese Einsicht. Fundamentalisierende religiöse Sozialformen legen in der Regel auf Nahsolidarisierung fest und legen damit weder religiös noch sozialpsychologisch ein taugliches Fundament für Solidarität denen gegenüber, die nicht dazugehören. Für die Gesellschaft, ihre politischen Organe und für viele Menschen guten Willens werden künftig nur solche religiösen Gemeinschaften interessant sein, die nicht bereits in ihrem Glaubensstil entgrenzte Solidaritäten blockieren.

Es geht darum, die Solidarität der Menschen und vor allem der Christen und Christinnen nicht von ihrem Ermöglichungsgrund der Gnade Gottes abzulösen. Aber zugleich diesen Ermöglichungsgrund nie zu einem Bedingungsgrund werden zu lassen, weder nach innen noch nach außen. Deshalb darf die Solidarität nie eingestellt werden, weil und wenn mit ihr für die Glaubensverbreitung nichts zu erwarten bzw. wenn dabei mit Nicht- und Andersgläubigen, ja mit Glaubensgegnern um einer bestimmten Solidarität willen zusammenzuarbeiten ist.

3. Unmöglich, aber wahr

Nach Luther bleibt auch der getaufte Mensch unter der Herrschaft der Sünde. Es ist die Erfahrung des elenden Menschen in Röm 7,24, der das Richtige will und das Falsche tut. Seine bleibende Sünde wird allerdings nicht angerechnet. Die Wittenberger „verstanden die Rechtfertigung … als eine Zurechnung der Gerechtigkeit Christi zugunsten des Sünders in den Augen des darin ebenso gerechten wie barmherzigen Gottes, nicht aber als deren Aneignung in der Mitte der menschlichen Person“[88]. Der Mensch kann vor Gott keine Sicherheit des Heils aus sich selbst heraus finden oder herstellen. Diese Sicherheit liegt in der rechtfertigenden Tat Gottes selber in Christus. Dort allerdings ist sie sicher. Denn von dort her gewinnt der Demütige „und Gottes Zorn und Gerechtigkeit Fürchtende in den Augen Gottes ein neues Ansehen …; das göttliche Gnadengeschenk besteht wesentlich darin, dass Gott dem Sünder nicht sein (bleibendes) Sünder-Sein, sondern um Christi willen dessen Gerechtigkeit zurechnet“[89]. Es ist also eine Rechtfertigung, die von außerhalb, von Gott her dem Menschen angerechnet wird. Diese Gnade ereignet sich *am* Menschen, so dass der Mensch niemals so etwas wie eine Eigengerechtigkeit Gott gegenüber aufbringen kann. Nichts in ihm ist korrelativ zu dem, was von Gott geschenkt ist. Der Mensch hat sich dieser Gnade gegenüber „ganz passiv empfangend, von sich selbst nichts erwartend und fordernd zu verhalten“[90]. Das Hören des Evangeliums allein hat rechtfertigende und rettende Wirkung.[91]

Das Bedrängende an Luthers Einsicht ist, dass der Mensch auch nach der Taufe dem Eigenwillen der Sünde ausgesetzt bleibt, dass „ein neumachendes Umschaffen des menschlichen Personkerns“ nicht gegeben und zu erwarten ist. Das Entscheidende ist vielmehr, dass die Taufe „um des Kreuzes Christi willen ein neues Ansehen des Menschen in den Augen Gottes, … eine Gerechterklärung des Menschen“ bewirkt.[92] Was den sündigen Menschen explizit mit der Gerechtigkeit Gottes verbindet, ist also nichts anderes als die Annahme dieses neuen Ansehens des Menschen in den Augen Gottes. Nicht der Mensch wird neu, sondern Gott schaut anders hin, nämlich nicht mehr im Zorn, sondern in Barmherzigkeit. Und diese Barmherzigkeit lässt sich nicht irritieren von dem, was der Mensch ist, tut oder nicht ist oder nicht tut.

Wenn bei Luther die Gerechtigkeit Gottes von dem, was der Mensch dazu einbringt (oder nicht einbringt), völlig unbeeindruckt ist, wenn sie also eine Wirklichkeit außerhalb des Menschen ist, unabhängig davon, ob der Mensch dafür etwas tut oder nicht, dann bezieht sich diese Bedingungslosigkeit, diese buchstäblich absolute Unabhängigkeit der Gerechtigkeit Gottes gegenüber den Menschen auch auf die gläubige Annahme dieser Gerechtigkeit. Damit ist Gott in unvorstellbarem Maße eine überkorrelative Wirklichkeit, die in keiner Weise vom Menschen abhängig ist, auch nicht von ihrer Erfahrbarkeit.

Bis zu dieser letzten Konsequenz ist Luthers Einspruch gegen jede Art von Selbstruhm des Menschen ernst zu nehmen. Wer diese radikale Sicht der Rechtfertigungstheologie verweigert, kann leicht in die ungewollte Sackgasse geraten, dass faktisch und strategisch auf einmal der Glaube selber zum Werk, zur Bedingung der Liebe Gottes wird. Denn wenn die „Gottlosen" aus dieser Liebe herausfallen, wenn sie sich nicht zum Glauben bekehren sollten, wird die Rechtfertigungstheologie mit einem Wenn-dann versehen, das sie buchstäblich „absolut" nicht verträgt. Darin ergäbe sich hinterrücks die Gefahr des von Luther abgelehnten Willkür- und Leistungsgottes.

Es ist nun interessant, Luthers Rechtfertigungstheologie mit neueren Überlegungen in der französischen Philosophie ins Gespräch zu bringen. Seit Kant beweist sich alles durch Korrelation. Was nicht erfahren wird, *ist* nicht. Aber vor allem die Mathematik kann einen Kosmos beschreiben, der menschenleer ist, mit dem keine menschliche Erfahrung in Verbindung gebracht werden kann.[93] Es gibt also eine denkbare Wirklichkeit außerhalb unserer Beziehungszusammenhänge. Die Beobachterunabhängigkeit, wie sie im mathematisch-naturwissenschaftlichen Bereich erfolgreich ist, beeindruckt eine Philosophie, in der auch das für real angesehen wird, was außerhalb menschlicher Korrelationen gedacht werden kann.

Damit wird in neuer Weise die Frage nach dem „Absoluten" gestellt in dem Sinne, dass es eine Wirklichkeit gibt, die abgetrennt ist von dem, was wir erfahren. Korrigiert wird die Vorstellung, dass nur das wirklich sei, was die Menschen wahrnehmen.[94] Dies läuft darauf hinaus, „dass wir begreifen müssen, wie das Denken zum Absoluten gelangen kann: zu einem Sein, das so sehr ungebunden (Grundbedeutung von absolutus), so sehr getrennt vom Denken ist, dass es sich uns als nicht-relativ zu uns zeigt – fähig zu existieren, ob wir existieren oder nicht"[95]. Im religiösen Bereich würde man den Gedanken weiterdenken, dass die göttliche Liebe beobachterunabhängig, also auch dann gegeben ist, wenn sie nicht als Korrelation zur Erfahrung kommt. Sie ist absolut, insofern sie auch jenseits menschlicher Existenz und des Bewusstseins gegeben ist.[96]

Auch das religiöse Denken beginnt zwar mit Korrelationen und Begründungen, löst diese aber im Horizont eines unendlich vertrauenswürdigen Gottes wieder auf, weil in diesem Vertrauen kein Zugriff mehr nötig ist. Im Christentum handelt es sich um den Vorgang der Anbetung, die Gott nochmals ganz anders und größer sein lässt als die eigenen Vorstellungen und alle Offenbarungen von ihm.

Dies gilt auch für die biblische Lohnmetapher: Gott ist nicht gleichgültig, wie wir hier gelebt haben zwischen gut und bös, zwischen Gerechtigkeit und Ungerechtigkeit, zwischen Freiheit und Unterdrückung, zwischen Zerstörung und Rettung. So werden die Menschen angesichts der im Gericht sichtbaren unerschöpflichen Liebe Gottes völlig unterschiedlich reagieren, ganz entsprechend ihrer diesbezüglichen Biographie angesichts dessen, was sie getan oder nicht getan haben, mit unterschiedlichen Anteilen an Schmerz und Freude. Diese Unterschiedlichkeit wird mit der Kategorie des Lohnes bebildert. Aber zugleich gibt es jene Geschichten wie das Weinberggleichnis (vgl. Mt 20,1–16), die diese Kategorie wieder stören, irritieren und überbieten als „Platzhalter“ dafür, diese Lohnkategorie nicht im Modus eines zugriffigen korrelativen Kalküls zu besitzen.[97]

Die „Absolutheit“ des göttlichen Lohnes enthält in sich die Dynamik, alle Lohnkategorien in die Unendlichkeit der Versöhnung und Liebe Gottes hinein zu übersteigen. Diese Dynamik spiegelt sich in der Spiritualität des Glaubens dadurch, dass Gott seine Verheißungen nochmals ganz anders zu erfüllen vermag, als wir es uns vorstellen können. In der Fluchtlinie dieser Dynamik liegen dann jene glückseligen Augenblicke, in denen der Mensch nicht mehr auf Lohn angewiesen ist, wo die Frage nach dem Lohn gegen null geht, im Nichts landet, weil im Absoluten der unbegründbaren Liebe schon alles gegeben ist, weil nicht der Lohn, sondern diese „Beziehung" zum allmächtigen und unendlich gütigen Gott schon alles in sich enthält. Auf der Basis des „Wunders", des Nicht-Korrelativen, löst sich die Liebe von jedem Erwartungszugriff und Benutzbarkeitsdenken ab und erfährt sich selbst als Gabe in die Unergründlichkeit des Absoluten hinein.

3.2 Grundlos geschenkt

Wenn Menschen in Liebe und Freundschaft einander zugetan sind und einander fragen, warum dies ist, können sie sich auf so manche Begründungen beziehen, wie etwa auf gute Eigenschaften des anderen Menschen, aber damit erschöpft sich die Antwort nicht. Im Kern bleibt vielmehr eine eigenartige Tautologie übrig: Ich liebe dich, weil ich dich liebe! Für diese Kernaussage gibt es keine Begründung, ja gäbe es eine, erführe die Liebe selber eine Verdinglichung, eine Instrumentalisierung: wenn ich den anderen deswegen liebe, weil ich seine Eigenschaften bewundere bzw. weil er mir mit diesen Eigenschaften von Nutzen ist. So lautet die Antwort: Ich liebe dich „einfach"! Erich Fried bringt dieses Verhältnis von Unendlichkeit und Liebe, von Liebe und Unbedingtheit in dem Gedicht „Was es ist"[98] auch in der Auswirkung der Liebe zum Ausdruck: „Es ist was es ist / sagt die Liebe".

Diese Tautologie ist nicht banal, sondern Ausdruck einer nicht unauslotbaren Unergründlichkeit. Darin besteht ja ihr Charakter, dass Liebe nicht hergestellt wird, sondern dass sie sich einstellt und in dieser Unplanbarkeit und Unberechenbarkeit etwas Unordentliches, Chaotisches und Verschwenderisches hat.[99] Liebe ist absolut, weil sie auf keine Begründungen angewiesen ist. Sie wartet mit einer unauslotbaren Grundlosigkeit auf: als unbegründet geschenktes Ereignis.

Die Begegnung mit dem Philosophen Emmanuel Jean-Luc Marion vertieft, was es hier zu bedenken gibt, nämlich dass alles, was Menschen in Bezug auf Gott sagen, ersehnen und handeln, die Mauern der Unbegründetheit von Gottes Wirklichkeit nicht überspringen kann. Streng genommen ist jede Rede von Gott, auch die im Evangelium, Götzendienst, weil sie gegen das Bilderverbot verstößt. Gelehrte und Glaubende bringen Diskurse hervor, die „nur als Symptome ihrer selbst und keineswegs als Entwürfe von ‚Gott'" gelten können.[100] Denn es gilt, „dass … jede Definition dessen, was unter der Bezeichnung ‚Gott' angezielt wird, keinerlei Zugang zu diesem ‚Gott' hat, dafür aber einen vollkommenen Blick auf denjenigen bietet, der sie hervorbringt beziehungsweise empfängt. Mit anderen Worten: alles läuft auf ein Idol hinaus"[101]. Der Mensch bleibt in sich inkurviert, auf sich selbst zu ge- und verdreht. Dies gilt auch für alle Negierungen des Gottesglaubens. Hierin sitzen Gläubige und Nichtglaubende im gemeinsamen Boot.

Nach Jean-Luc Marion setzt ein Gott, der diesen Namen verdient, alle diesseitigen Unterscheidungen außer Kraft, auch die Unterscheidung zwischen Sein und Nichtsein. „Denn Gott an sich geht über die Existenz hinaus."[102] Bei

Gott geht es eben nicht um das faktisch Mögliche, wie es im Diesseits gedacht und erlebt werden kann und wie es im Diesseits, im jeweiligen Tod, um seine diesseitige Möglichkeit gebracht wird, sondern die kürzeste „Definition“ Gottes findet Marion im endzeitlichen Text Mk 10,27, und er hätte auch an den geburtlichen Text Lk 1,37 erinnern können: „Für Menschen ist das unmöglich, aber nicht für Gott; denn für Gott ist alles möglich.“ Gott ist aus unserer Perspektive so unmöglich, dass er sich gerade durch diese einzigartige Unmöglichkeit auszeichnet: „Die Möglichkeit der Unmöglichkeit.“[103] Erst mit diesem Denken wird die unüberschreibbare Grenze ins Jenseits des Seins berührt. „Es erweist sich daher als unmöglich zu sagen ‚Gott ist unmöglich‘, denn gerade die Unmöglichkeit, ihn zu begreifen …, kennzeichnet Gott ausdrücklich, genau und grundlegend.“[104] Denkt man die Unmöglichkeitsperspektive über den Tod und das Ende der Welt weiter, dann gehört zu ihrem Verzicht auf zugriffige Ikonisierung auch der Verzicht auf ebenso zugriffige Hoffnungslosigkeiten. Vielmehr ist alles offenzuhalten.

Theologisch handelt es sich in dieser absolut negierten Bedingungshaftigkeit, in dieser durch nichts (sei es durch Denkschlüssigkeit, sei es durch Ethik, sei es durch Spiritualität usw.) erleistbaren und erleistnotwendigen Unbedingtheit im Gottesverhältnis um reine Gnade, reine Gegebenheit vor aller Gegebenheit. Wo der Tod alle menschlichen Bedingungsleistungen zerbricht, ist der radikale Ort, wo sich diese Gegebenheit des Unmöglichen als rettende Möglichkeit erweist. Diese radikal neue Geburt ist bereits in der diesseitigen Geburt unter den Bedingungen dieser Welt antizipiert und entschieden, sofern man die absolute Differenz zwischen Welt und Gott als unendlichen „Raum“ unerschöpflicher Liebe begreift, die mit Geburt und Schöpfung ihren Anfang *gibt.*

In den Voraussetzungen des Diesseits kann Gottes „unmögliche“ unbedingte Liebe nur in gebrochenen Möglichkeiten erfahren werden. Ungebrochen, „von Angesicht zu Angesicht“, kann sie erst im Tode begegnen. So kann Helmut Merklein in der äußersten Ohnmacht die radikalste Nähe Gottes glauben: „(...) wie denn auch der Tod die einzige Möglichkeit ist, um ganz in die Nähe Gottes zu gelangen.“[105] In diesem Sinn sagt Frère Luc: „der Tod ist Gott.“[106] Das diesseitige Anvertrauen an diese Unbedingtheit, das keine selbstische Sicherheit benötigt, wird im Tod „ratifiziert“, indem das erzwungene Loslassen in den letzten Akt des eigenen Loslassens mündet, nicht ins Leere hinein, sondern in eine unendliche Verbindung von Leben und Liebe.

3.3 Hört niemals auf

Nicht umsonst bezeichnet der jüdische Philosoph Jacob Taubes das Wort „alles“ als ein Grundwort des Paulus,[107] und Taubes verweist auch darauf, dass Paulus bereit ist, sich dieses „Alles“ etwas kosten zu lassen, paradoxerweise sogar das eigene Ausgeschlossensein aus dieser Universalität, damit andere, hier das jüdische Volk, weiterhin Volk Gottes bleiben:[108] „Ich sage die Wahrheit in Christus und lüge nicht, wie mir mein Gewissen bezeugt im Heiligen Geist, dass ich große Traurigkeit und Schmerzen ohne Unterlass in meinem Herzen habe. Ich selber wünschte, verflucht und von Christus getrennt zu sein für meine Brüder, die der Abstammung nach mit mir verbunden sind“ (Röm 9,1–3). So möchte lieber Paulus selbst aus der Gnade ausgeschlossen sein, als dass andere aus ihr ausgeschlossen sind.[109] „Das sind nicht rhetorische Floskeln, sondern das ist die Erschütterung, dass das Volk Gottes nicht mehr das Volk Gottes ist.“[110]

Nach dem französischen Philosophen und Dramatiker Alain Badiou geht es dabei um den Materialismus der Gnade, wie er in der Liebe als einer universalen Macht „materiale“ Wirklichkeit wird.[111] Bis hin zu jener Liebe, die sich mit der Hoffnung verbindet, aber nicht davon abhängig ist, sondern den Erfolg in der eigenen Treue zu dieser Gnade sieht, unabhängig von den Siegererfolgen in der Geschichte, aber auch unabhängig von den Belohnungen über den Tod hinaus.[112]

Wenn Gott die Liebe ist, dann ist diese so unendlich, wie ein Gott eben unendlich zu sein hat: „Die Liebe hört niemals auf!“ (1 Kor 13,8): als ausnahmslose Wirklichkeit für alle, in unzugänglicher Grundlosigkeit.[113] Es geht um eine Gnade, die in der Tat translegal, illegal, ungeschuldet ist und zugleich niemandem aufgrund irgendeiner Leistung zusteht,[114] sinnlos überfließend,[115] ausnahmslos,[116] akosmisch, also unordentlich und jenseits jeder Kalkulation, keiner Totalität eingefügt, weil selbst die allem zugrundeliegende Totalität der Wirklichkeit.[117]

Hierin zeigt sich die nach allen Seiten offene Unentgeltlichkeit der Gnade ohne kommunikative oder andere Gegenleistung, weder von Gott noch vom Menschen her. „Was nun nämlich fehlt, ist jenes Band zwischen Religion und Recht, zwischen Leistung und Gegenleistung, zwischen Ausführung und Befehl.“[118] Die Gnade rechnet in ihrem Ereignis nicht, vom göttlichen Überfluss her schon gar nicht, was sich auf der menschlichen Seite auch darin spiegelt, dass der Mensch nichts einfordert für das, was er tut. Dass er letztlich nichts kalkulierend erwartet, aber auf alles hoffen darf.[119] Die Gnade hat ihre eigene Souveränität, sie ist autark, wie Paulus in 2 Kor 9,7 f formuliert: „Gott vermag es, jede Gnade in euch in Überfluss zu bringen, damit sie in allem absolute Souveränität (Autarkie) hat, und überbietet jedes gute Werk."

Reformatorische Wegweisungen

1. Wartburger Reformatorin Elisabeth

Georges Bernanos lässt in seinem Buch „Die großen Friedhöfe unter dem Mond“[120] einen Ungläubigen in der Kirche predigen: „Wäret ihr diesem Heiligen (gemeint ist vom Kontext her Franz von Assisi) gefolgt, statt ihm nur Beifall zu klatschen, dann hätte Europa weder die Reformation noch die Religionskriege noch die schreckliche spanische Unterdrückung gekannt.“ Die Klarheit dieses Dichterwortes verdankt sich seiner Überzeichnung. Ein Korn Wahrheit enthält es allemal.

Der große französische Theologe des letzten Jahrhunderts, Marie-Dominique Chenu, hat treffsicher formuliert: „Das Evangelium ... ist das radikale Gesetz einer Kirche, die in Wandlung begriffen ist. ... Es gab in der Kirche des Abendlandes zwei sensationelle Episoden der Rückkehr zum Evangelium: im 13. Jahrhundert mit dem hl. Franziskus und dem hl. Dominikus sowie im 16. Jahrhundert mit Luther.“[121] Und: „Glücklicherweise kam es in der Kirche dank der beiden heiligen Ordensgründer Dominikus und Franziskus zu einer Reform, die sie eine neue Seinsweise annehmen ließ, die ihr auf die Bedürfnisse der Zeit zu antworten ermöglichte.“[122] Die Zukunft der Ökumene besteht auch heute darin, diese Seinsweise und damit beides ernst zu nehmen: die radikale *Tatgebundenheit* in der Verwurzelung einer radikal *unbedingten göttlichen Liebe*.

Im Wirkungsbereich der Franziskusreform befand und wusste sich auch Elisabeth von Thüringen.[123] Sie präzisiert die angesprochene Seinsweise in einer frappierenden Weise und handelt sich, wie Franziskus, den Vorwurf der „Verrücktheit" von Seiten der „Normalen" ein. „Der Vorwurf des Mangels an Intelligenz, eher der Geistesgestörtheit, dem Elisabeth sich ausgesetzt sah, weist darauf hin, dass sie einem neuen Typus exemplarischen Lebens zuzuordnen ist, der erst um 1200 in Erscheinung trat und auch erst zu diesem Zeitpunkt in Erscheinung treten konnte: Es ist jener Mensch, der sich aus religiösen Gründen zum ‚Idioten' (Idiota) macht, wobei in diesem Wort sowohl die Unwissenheit und der Verzicht auf geistiges Sich-Geltendmachen gemeint ist als auch überhaupt der Verzicht auf gesellschaftlichen Rang."[124]

1.1 Elisabeth und Luther

Martin Luther hatte durchaus das Bestreben, seinen eigenen Aufenthalt auf der Wartburg in einen inhaltlichen Zusammenhang mit Elisabeth zu bringen, die ihm sicher schon vor der Wartburg bekannt und vertraut war. Immerhin hat Luther einen Teil seiner Schulzeit in Eisenach und damit im Erinnerungskreis von Elisabeth verbracht. Von daher hat Luther zeitlebens Elisabeth geschätzt und geachtet, so sehr, dass er in der Kaiserchronik von Jakob Wimpfeling (1450–1528) handschriftlich die Lebensdaten der dort nicht erwähnten heiligen Elisabeth ergänzt hat.[125] Wenn sie ihm derart gefehlt hat, kann man daraus schließen, dass sie ihm sehr wichtig war als hervorragendes Beispiel dafür, welche Armen- und Krankenfürsorge einem Menschen möglich ist, der aus der Liebe Gottes heraus eine schier bis zum Äußersten gehende Solidarität mit leidenden Menschen zu riskieren vermag.

Luther schätzte an Elisabeth die Hintanstellung ihres eigenen Ich. Sie war die Personifizierung einer Demutstheologie, einer Frömmigkeit also, „die Luther für maßgeblich und der wahren Auslegung des Christentums im Horizont der paulinischen und augustinischen Theologie entsprechend ansah“[126]. So ist „Elisabeth eine feste, immer wieder erinnerte Repräsentantin der von Luther gutgeheißenen Frömmigkeit“[127]. Luther sah in Elisabeth „eine auch nach den Maßstäben seiner mittlerweile ausgereiften reformatorischen Theologie rühmenswerte Gestalt der mittelalterlichen Frömmigkeit“[128]. In einer Predigt verdeutlicht er, dass Elisabeth, würde sie in seiner Zeit leben, genau wie Luther selbst von der päpstlichen Kirche als eine Ketzerin betrachtet werden würde. So wird Elisabeth „bei Luther zu einer Repräsentantin evangelischen Glaubens im Mittelalter“[129]. So hat Luther in Elisabeth eine seiner Vorgängerinnen gesehen. Oder, wie es der evangelische Pastor Burkhard Clasen formuliert hat: Martin Luther war so etwas „wie ein jüngerer (erfolgreicher und glücklicher) Bruder der Heiligen Elisabeth. Also: Kein ungleiches Paar auf der Wartburg, sondern zwei eher ähnliche Charaktere“[130]. So ähnlich auch wieder nicht, denn sie ist auch, wie sich zeigen wird, die ganz andere Reformatorin.

In ihrer Selbstentsagung spiegelt sich für Luther eine Frömmigkeit, die nicht die eigene Person, sondern Christus in den Mittelpunkt stellt, ja das eigene Ich dafür öffnet, dass Christus darin leben kann (vgl. Gal 2,20). Von daher kann Luther Elisabeth auch im Horizont seiner rechtfertigungstheologisch zentrierten Theologie mit einer entsprechenden Ablehnung der Werkgerechtigkeit verbinden, weil Elisabeth derartige Wenn-dann-Verhältnisse gar nicht kennt. Analog zu Maria in Luthers Auslegung des Magnifikat von 1521, wo Gott in Maria alle Dinge tut.[131] Und obgleich nach Luther kein Mensch vor dem Jüngsten Tag für heilig erklärt werden darf, sieht er doch einige Menschen unter Vorbehalt derart hervorgehoben, wenn er freundlich daran glaubt, dass Elisabeth, Augustinus, Hieronymus, Ambrosius, Bernhardus und Franziskus heilig seien.[132]

Elisabeth scheint, wenn auch anders, ähnlich innovativ ihren Herkünften gegenüber zu sein, wie Luther es war. Vor allem darin, dass ihre Selbstentsagung für die anderen kein asketischer Vorgang war, sondern ihr jene Befriedigung, ja Lust bereitete, die nicht weit vom modernen Begriff der Selbstverwirklichung entfernt ist. Darin liebt sie tatsächlich ihre Nächsten wie sich selbst oder, besser: wie Gott sie liebt. So steht in ihrer Heiligsprechungsurkunde: „Niemals hörte sie auf, sich an den Umarmungen der Nächstenliebe zu erfreuen."[133] Sie half den Menschen nicht als Pflichtübung, sondern aus der Lust heraus, von Gott geliebt zu sein: auch und gerade in ihrer Unzulänglichkeit und Sündigkeit. Hier ahnte Luther wohl so etwas wie die Erfahrung der bedingungslosen Liebe Gottes.

Bei Elisabeth zerbricht die Gottesbeziehung das selbstgenügsame Denken,[134] analog zum biblischen „Erkennen", das „als Dienst am Nächsten" zu „verstehen" ist.[135] Bei Elisabeth geschieht dies alles ohne jegliches Leistungsbewusstsein, sondern als reine Doxologie, als ein „Gott die Ehre geben", als von sich absehende Weggabe des Eigenen an Gott. Sie freut sich über diese Möglichkeit ihrer selbst, aber sie bildet sich nichts darauf ein.

Meister Eckhart hat in seiner Predigt 32 über die heilige Elisabeth genau diesen Zusammenhang herausgearbeitet: Das ist das Spezifikum dieser Frauenfrömmigkeit, nicht der in der Mystik immer lauernden Gefahr zu erliegen, selbstgenügsam Gottes Liebe zu ersehnen und zu erleben, sondern von dieser Liebe her die Kraft zu bekommen, sich selbst auf den anderen hin zu verlassen (im doppelten Sinn dieses Wortes), und den mystischen Tiefmut nicht mit Hochmut, sondern mit Großmut zu verbinden.[136] „Meister Eckhart ist es vor allem gewesen, der … in seinen Frauenbildern, der Martha und der Elisabeth, auf den Vorzug der tätigen Liebe vor der Ekstase hingewiesen hat. Nicht die Abgeschiedenheit ist das Maß für die Intensität der Ekstase, sondern – um Eckharts Predigt über Elisabeth von Thüringen zu zitieren – das Bedürfnis, ‚kranke und schmutzige Menschen zu waschen, zu nähren und zu kleiden', also das Bedürfnis nach Werken der Barmherzigkeit. Die Einsicht in die Notwendigkeit der tätigen Liebe ist offensichtlich ein inneres christliches Korrekturmoment der Mystik der Liebesekstase."[137]

Zusammenfassend kann man sagen, dass Elisabeth eine der wenigen Heiligen gewesen ist, „denen Luther zeitlebens ein gutes Gedächtnis bewahrte"[138]. So ist Elisabeth nicht nur ein Vorbild des Glaubens an die unbedingte Gegenwart der Liebe Christi, sondern auch des Glaubens an die Gegenwart Christi in den Armen. Mit Letzterem scheint sie die Dominanz der rechtfertigenden Glaubensfrage durch den Glauben an die reale Gegenwart Christi in den Armen zurechtzurücken. Hierin ist sie anders reformatorisch als Luther.

Denn damit hellt sie Luthers möglichen Schatten auf: Indem Martin Luther lehrte, „dass allein die gläubige Annahme der durch Leiden und Sterben Jesu geschaffenen Rechtfertigung über das ewige Heil entschied, zerschlug er die theologische Begründungsbasis für diese

Form der Armenversorgung“[139]. Für jene Form, in der die guten Werke auch über das ewige Heil entschieden. Denn: „Warum sollte man noch Almosen geben, wenn davon letztlich nichts mehr Entscheidendes mehr abhing?“[140] Zwar waren für Luther die Werke als freiwillige Gaben der Gläubigen Früchte des Glaubens und notwendige Konsequenz des geschenkten Heils, doch kam es durch die gerade darin weggenommene Spannung von Druck und Entlastungsangebot „zu einer Verschlechterung der Lage der Armen. Da nun nicht mehr alle evangelisch Gewordenen aus Dankbarkeit weiterhin das spendeten, was sie zuvor für ihr Seelenheil gegeben hatten, führte die Heilsgewissheit der Glaubenden zur Unheilsgewissheit der Armen und Bedürftigen, denn ihre zuvor theologisch abgesicherte Versorgung durch Almosen und Spenden blieb nun weitgehend aus.“[141]

Deshalb gilt: In den Armen und Bedrängten „weiterhin Stellvertreter Christi zu sehen mutet vorreformatorisch an, bleibt aber auch im evangelischen Kontext wichtig. Auch wenn die guten Werke nicht mehr heilsentscheidend sind, lässt sich doch die Botschaft aus Jesu Gleichnis vom Weltgericht nicht ausblenden, dass darüber, ob ein Mensch sein Leben nach dem Willen Gottes gestaltet, am Ende die getanen oder verweigerten Taten der Barmherzigkeit entscheiden.“[142] Genau diesen Aspekt, in den Leidenden Christus selbst wahrzunehmen und damit sich in den Horizont einer ganz bestimmten Dringlichkeit und Unausweichbarkeit zu stellen, realisiert die vorreformatorische Wartburger Reformatorin Elisabeth von Thüringen. So gibt es nicht von ungefähr Stimmen im evangelischen Bereich, die in dieser Hinsicht die heilige Elisabeth zu den Vorreformator*innen zählen.[143]

Über Jahrhunderte hinweg könnte man vielleicht hier den oben erwähnten Gedanken von Bernanos anschließen, dass, wenn man damals auf Franziskus und auch auf Elisabeth gehört und sie in der eigenen Praxis eingeholt hätte, es das „Ketzertum" Luthers gar nicht gegeben hätte. Er wäre vielmehr mit seinen Gedanken in einen kirchlichen Zusammenhang hineingekommen, den er weitgehend bestätigen und theologisch hätte vertiefen können.[144]

Was Luther offensichtlich weniger wahrnimmt, ist der charakteristische Bibelbezug der Elisabeth, der in einer spezifischen Weise dem „allein die Schrift" der Reformation ähnelt: in ihrer unbeirrbar fundamental-wörtlichen Weise, die Texte zu lesen. In diesem von Christus, von der Mitte des Evangeliums her kommenden Zugang zur Bibel findet Elisabeth die Gnade der Nachahmung Christi und die entsprechenden Ausführungsvorgaben in der Identifikation der Armen und Leidenden mit Christus (siehe unten Abschnitt 1.4).

1.2 „Wider-wärtige" Elisabeth

Elisabeth von Thüringen (1207–1231) ist eine Heilige, nicht weil die anderen Gläubigen Unheilige wären, sondern weil sie es mit ihrer Heiligkeit auf die Spitze getrieben hat.[145] Sie „ist die Übertreibung des Menschen Elisabeth, ist Elisabeth im Extrem, ausgeschöpft und gewagt bis in ihre letzten Wesensmöglichkeiten"[146]. Während man sich auch heute die schärferen biblischen Sätze beispielsweise aus der Bergpredigt mit der Entschärfung, das seien ja „Zielgebote" und normal nicht einzuhalten, „postheroisch" vom Leibe hält, lebt Elisabeth christliches Leben in einer ärgerlichen Überspanntheit, die weit über verpflichtende Normen hinausgeht und auch nie als allgemeingültige Norm eingefordert werden kann. Es ist schwierig, zu sagen, sie könnte ein Vorbild sein, weil sie uns doch in vieler Hinsicht so widersprüchlich und gegensätzlich ist. Und doch brauchen die Menschen solche Erinnerungsgaben, damit an sie diese Spannung angelegt bleibt. Erst wenn das Außergewöhnliche in die Normalität einbricht, hat das Normale die Chance, besser zu werden.[147]

Auf dem Hintergrund einer bereits bestehenden religiösen Frauenbewegung „besonders vor dem Hintergrund der Armutsbewegung" verortete sich Elisabeth im Einflussbereich der „frühen Franziskaner als ‚Hospitalgemeinschaft', ja als Schicksalsgemeinschaft mit den Ausgegrenzten"[148]. In Erinnerung an Franziskus orientiert sich die Nachfolge Christi nicht nur daran, den Kranken und Armen zu helfen, sondern „auch ihr Schicksal zu teilen"[149]. Die spätere Klerikalisierung des Franziskanerordens hat diesen diakonischen Zusammenhang von Hospitaltätigkeit und Verkündigung des Evangeliums auf der Basis von Laien aufgelöst.[150] Trotz dieser Verwurzelungen in der Armutsbewegung wie auch in der frühfranziskanischen Bewegung ist bei Elisabeth eine eigene Prägung dieser Einflüsse auffällig (siehe unten Abschnitt 1.3).

In den Auseinandersetzungen mit ihren eigenen Verwandten wie auch im Streit um die künftige Identität des Franziskanerordens war es ihr geistlicher Führer Konrad von Marburg, der „bei aller Problematik seiner Persönlichkeit Elisabeth die Verwirklichung frühfranziskanischer Ideale und deren Verbindung mit der Hospitalbewegung überhaupt erst ermöglicht hatte"[151]. Konrad stand in seiner eigenen theologischen Prägung im Kontext der neuen Pariser Pastoraltheologie diesen frühfranziskanischen Vorstellungen nahe und vertrat diese nicht nur bekenntnishaft, sondern auch in einer entsprechend strengen eigenen Lebensgestaltung.[152] Vor diesem Hintergrund war Konrad offen für die neueren Armutsbewegungen vor allem auf Seiten der Frauen, zumal er selbst in seinem Lebenswandel rigorose körperliche Askese und persönliche Armut lebte. Genau dies, nämlich dass Konrad selbst keinen Besitz hatte und bettelarm war, war für Elisabeth der entscheidende Grund, Konrad und nicht irgendeinen Bischof oder Abt zum geistlichen Führer zu nehmen und ihm Gehorsam zu geloben.[153]

Konrad verfolgte eine umgreifende Form von Kirche und Gesellschaft und der weltlichen und geistlichen Stände auf dem Hintergrund eines Lebens „in Buße, Selbsterniedrigung, angestrebter Armut und Fürsorge für die Armen“[154]. Zugleich rief er zum Kreuzzug auf und hatte hinsichtlich der Inquisition Blut an den Händen (weshalb er wohl später ermordet wurde). In dieser pastoralen Reformbewegung – und das zeigt zugleich aus heutiger Perspektive ihre Ambivalenz – gehören Kreuzzugsidee und Armutsideal zusammen. Während Elisabeth sich in den Bereich des Armutsideals hineinbegibt, nimmt ihr Gatte Ludwig IV. am Kreuzzug teil und findet darin den Tod. Es ist schon eigenartig, dass beide diese doppelte, hoch zwiespältige Aufbruchsbewegung, für die in diesem Zusammenhang vor allem Konrad von Marburg steht, verwirklichen.[155]

Elisabeths Verrücktheit, möglichst viel, zuweilen alles zu schenken, die eigenen Häuser und Betten zu öffnen für die Kranken und Aussätzigen, wird von ihrer Umgebung als insanitas, als Ungesundheit, wahrgenommen. Nur ihr eigener Gatte scheint sie mit einer staunenden Bewunderung ihren Weg gehen zu lassen und sie nicht allzu sehr darin begrenzen zu wollen. Dafür dann aber nach seinem Tod Landgraf Heinrich Raspe, der sie in die normale Witwenschaft und neue Heirat hineinordnen will.

Konrad führt Elisabeth in einer sehr harten Weise, auch durch Brechung ihres Willens mit den damals erprobten Regeln von Bußen und Strafen.[156] Gegenüber Elisabeths Hingabeexzessen vertrat er zuweilen die gesunde Vernunft. Doch wird sie nicht krank durch Konrads Brutalität, sondern genau dadurch, dass ihr Konrad befiehlt, die zärtlichen Dienste an den Kranken zu lassen: „wie ein Mensch zusammenbrechen mag, der seine Liebsten vor seinen Augen in Schmerzen sieht und darf sie nicht pflegen und trösten“[157].

Elisabeth stellt die herrschende Askese vom Kopf auf die Füße: Sie schenkt nicht, um sich weh zu tun, sondern sie schenkt, um die anderen zu beglücken, „und der Schmerz, der nicht ausbleibt, ist … höchstens der Preis des köstlichen Schenkendürfens, um den sie nicht feilscht und jammert und auf den sie auch nicht stolz ist …“[158] Dabei zeigt Elisabeth „Vernunftaskese“, wenn es sich um Vernünftigkeiten handelt, die als „gesund“ gelten. Diese Art von Unvernünftigkeit kann ansonsten höchst ambivalent sein, zum Fanatismus und zu Ausgrenzung anderer führen. Weil für Elisabeth allerdings das köstliche Schenkendürfen die Unvernünftigkeit regiert, kommt es bei ihr zu anderen Auswirkungen: zur unbedingten und unbegrenzten Solidarität mit den Leidenden.

Konrad will, dass sie sich nicht ansteckt, Konrad will, dass sie ihr Vermögen behält, um dauerhaft geben zu können, ihr spiritueller Lehrer kann nicht spirituell verstehen, was bei Elisabeth eine diesbezüglich rücksichtslose Verschwendung[159] ausmacht: mit vollen Händen zu geben, im Bewusstsein, ja auch in der Einbildung unerschöpflicher Fülle. Und dies nicht aus äußerer Pflicht, sondern aus einer viel tiefer liegenden Dynamik heraus. Konrad jagt ihr gute Vorsätze gegen die unbegrenzte Verschwendung ein, und Elisabeth hat sie immer wieder gebrochen. Ihr Drang zur leiblichen Barmherzigkeit oder, besser, zur barmherzigen Leiblichkeit (im Sinne der Leibsorge für die anderen, aber auch der Leibhingabe von sich her) war stärker. Und sie hat Freude daran, wo immer sie die Vernunftgebote unterlaufen oder übertreten kann. Konrad „verbietet ihr, mehr als eine Münze zu verschenken. Doch sie betrügt ihn, indem sie Münzen aus Silber statt aus Kupfer prägen lässt. Als er die List entdeckt, schlägt er sie ins Gesicht. Für diese und viele andere Demütigungen, deren Spuren sie wochenlang an ihrem Körper trägt, hat sie ein Bild des Ertragens gefunden: ‚Wir müssen aushalten wie das Gras – oder Schilf –, das im Flusse steht. Zur Zeit der Überschwemmung wird es gebeugt und gepresst, aber es wird von dem hinströmenden Wasser nicht verletzt. Wenn die Flut zurückgeht, erhebt es sich wieder und wächst kräftig und fröhlich.‘“[160]

Elisabeth ist von einem tiefen Gefühl der Gerechtigkeit getrieben und klagt sie auch strukturell ein, so würden wir heute sagen.[161] So hält sie sich heftig an das von Konrad erlassene Verbot, unrechtmäßige Einkünfte ihres Mannes zu nutzen.[162] Elisabeth will immer genau unterscheiden, ob das, was es jeweils zu essen gibt, auch nicht unrechtmäßig durch Ungerechtigkeit und Gewalt, durch Krieg und Erpressung erworben wurde. Ist dem so, hungert sie eher und fordert auch ihre Getreuen zum Hungern auf, als dass sie ihren Hunger stillen würde. Sie will vom ungerechten Mammon nicht leben.

Im Zentrum des damaligen Establishments etabliert sie die Gegenwirklichkeit der Fernsolidarität. „Vielen Adligen war Elisabeth verhasst, eine unerträgliche Mahnerin, lebendiger Vorwurf, fürstliche Schwester der Ausgestoßenen, eine Wahnwitzige. In Wahrheit wollte sie ... büßend zwei Stände verbinden, Fürstentum und Bettlertum ...“[163] Als Fürstin leistet sie sich nicht nur einen Perspektivenwechsel, sondern geht weiter zur Perspektivenübernahme und zum Perspektive-*Sein*, indem sie selbst arm wird, ohne ihren Fürstenstand aufzugeben. Angesichts der Gewalttätigkeit und kriegerischen Auseinandersetzungen in und zwischen den Fürstenhäusern übernimmt sie die „Rolle“ der Sühnerin und der Beterin: „Ich muss, was hinter mir liegt, durch das Entgegengesetzte ausgleichen und zu heilen versuchen.“[164] Damit unterbricht sie in diesem Fürstenstand selbst Grenzen sprengend die dort herrschenden „Gesetze“ und bezeugt eine neue Herrschaftsform und darin eine neue Form fürstlicher Verantwortung. Bei Elisabeth wird erfahrbar: „Die Kategorien der Vernunft und die Bedingungen des gesellschaftlichen Wohlverhaltens werden brüskiert; die ‚Ordnung‘ des irdischen Lebens wird ‚gefährdet‘, ja sie wird belanglos.“[165]

1.3 Vitalität der zweiten Liebe

Eine Nächstenliebe über die Liebe hinaus, die vital (in Freundschaft, in der Liebe, Kindern gegenüber usw.) geschenkt ist, ist normalerweise etwas „so Schweres und so gar nicht Selbstverständliches, dass sehr Viele nie über klägliche Versuche hinauskommen“[166]. Und so ist es dann ein Ereignis der Selbstzucht, der Askese, auch der Pflichterfüllung, über die geschenkte Liebe hinaus Liebe zu geben, gütig zu sein, wo sich diese Güte nicht vital einstellt, Hilfe und Gerechtigkeit nicht von der ersten Empathiefähigkeit abhängig zu machen, so wichtig diese bleibt. Woher gewinnt Elisabeth die zweite Empathiefähigkeit zu einer Liebe völlig fremden bedrängten Menschen gegenüber, als seien in ihnen ihr eigener Gatte und ihre eigenen Kinder gegenwärtig?

Elisabeth ist fähig zu einem vitalen Leben. Sie kann ausgelassen feiern, so dass ihr Verhalten „bei festlichen Mahlzeiten zu den Anstößigkeiten ihrer Lebensführung am Hofe gehört"[167]. Sie ist fähig zu einer intensiven Gattenliebe. Die Geschichten, die ihre Beziehung zu ihrem Mann betreffen, machen dies sehr deutlich. Es ist eine sinnliche, in die leibliche Zärtlichkeit hineingehende Liebe. Eine kleine Erzählung macht aber schon die Spannung und die Transformationsfähigkeit genau dieser Liebe deutlich: „Wie einst ihr Blick während der hl. Messe auf den festlich geschmückten Gatten fällt und sie lässt sich so innig in die Schönheit und Süße des geliebten Anblicks versinken, dass sie ganz auf das hl. Opfer vergisst ... Wie sie aber vom Glockenzeichen aufgeschreckt den Blick wieder zum Altar wendet, sieht sie die Hostie bluten ... Und es heißt, dass sie lang und wie trostlos über dieses Zeichen geweint hat und Ludwig sie kaum zu beruhigen vermochte."[168] Die Alternativen, die hier eröffnet werden, sind nicht die Alternative zwischen Böse und Gut. Denn niemals käme ihr in den Sinn, ihre Liebe zu Ludwig als etwas Böses anzusehen. Es ist vielmehr die Alternative zwischen dem kleinerem und dem höchsten Gut. Es „ist nicht der Kampf zwischen Licht und Finsternis, sondern zwischen dem

Lichtlein und der Sonne, nicht zwischen Natur und Verderbtheit, sondern zwischen Natur und Übernatur, nicht zwischen Mensch und Teufel, sondern zwischen Mensch und Gott“[169]. Die vitalen Bereiche der Liebe „erster Ordnung“ werden zum Erfahrungsort, um die gleiche Vitalität und Unendlichkeit auch in die Liebe „zweiter Ordnung“ den Kranken und Armen gegenüber zu *übertragen*, ohne dabei die Vitalität der ersteren zu verlieren.[170]

Diese Transformation beginnt nicht erst mit dem Tod Ludwigs, sondern bereits parallel mit dieser Liebe. So legt sie, als Ludwig auf einem seiner Waffengänge ist, einen Aussätzigen in das Bett ihres Gatten, berührt und pflegt ihn. Hier verdichtet sich genau dieser Zusammenhang: in das gleiche Bett, wo sie die Liebe mit ihrem Gatten lebt, legt sie den Aussätzigen und zeigt darin, dass zwar mit anderer, aber mit gleicher Liebesintensität dieser im Mittelpunkt ihrer leiblichen Hingabe steht. Alban Stolz erzählt die Legende so, dass der heimkehrende Landgraf, als er den Vorhang vom Bett zurückzieht, tatsächlich den Gekreuzigten in seinem Bett sieht. Im Wunder kommt der geglaubte „Hintergrund“ zum Vorschein.[171]

Der Tod ihres Gatten ist für sie fast unüberwindbar. Gleichwohl hat sie schon mit ihm die Zeit danach vorbereitet. Denn jetzt schreitet sie stufenweise in jene leibliche und insgesamt überschwängliche Liebe hinein, die allen Leidenden gilt. Selbstverständlich ekelt auch sie sich vor den Geschwüren der Kranken, aber sie berührt sie, sie pflegt sie, die Legende sagt sogar, dass sie sie küsst. Ob hier das entsprechende Erzählschema von Franz von Assisi gestaltgebend ist oder ob dahinter tatsächliches Handeln steht, muss nicht ausgemacht werden. Nun endgültig getrennt von ihrem Gatten, trennt sie sich auch von den

Kindern, was allerdings im damaligen Kontext nicht gerade jene Herzlosigkeit sein muss, die wir heute damit verbinden mögen.[172] Kinder, die in der feudalen Herrschaftsklasse aufwuchsen, wurden anderen zur Erziehung übergeben und oft bereits im Kindesalter in andere Fürstenfamilien hineinverheiratet.

Nach dem Tod ihres Mannes muss Elisabeth die Wartburg verlassen. So befindet sich Elisabeth in den Wintermonaten 1227/28 „in quasi rechtlosem Zustand", ähnlich und zugleich in der Richtung andersherum, nämlich auf der Wartburg Zuflucht findend, wie 300 Jahre später Luther als „Junker Jörg" auf der Flucht vor der Reichsacht auf der Wartburg sicheren Aufenthalt bekommt. Heinrich Raspe hat die Erbregelung seines Bruders Ludwig aufgehoben und verweigert „Elisabeth wegen angeblicher Unzurechnungsfähigkeit die Nutzung ihrer Witwengüter als die ihr rechtlich zustehende Versorgung"[173]. Elisabeth allerdings begrüßt diesen Zustand freudig, „da er ihrem Streben nach tiefster Erniedrigung und wahrhafter Armut"[174] entspricht. Ja, sie bittet Konrad von Marburg, „ein Leben im Bettel von Tür zu Tür führen zu dürfen". Konrad verbietet ihr dies und erreicht es, dass sie Teile ihres Witwenerbes erhält und davon das Hospital bei Marburg bauen und entsprechend als bruderschaftliches Hospital einrichten kann: „Am Marburger Hospital bestand von Anfang an eine Gemeinschaft von Hospitalschwestern und Hospitalbrüdern, die mit dem Gelübde strikter Armut, Keuschheit und Gehorsams in den geistlichen Stand eingetreten waren und sich zu einem Gemeinschaftsleben nach monastischem Vorbild und dem Dienst an den Kranken und Elendsten verpflichtet hatten."[175] So war sie „Schwester in der Welt": in der Nachfolge des heiligen

Franziskus und damit Christi selbst.[176] So geht sie den Weg von der Königstochter, von der Fürstin zur Dienerin der Armen und Kranken, ohne dabei die Würde der Fürstin aufzugeben oder aufgeben zu müssen.

Doch zeigt sich darin auch das andere: Elisabeth tut wirklich etwas, was wörtlich von Jesus gesagt wurde, nämlich um seinetwillen die Eigenen zu verlassen (was ja normalerweise „nicht ernst gemeint sein kann").[177] Sie übersetzt diesen Satz Jesu eins zu eins in ihr Leben hinein. Und dies auch nicht nur auf dem Hintergrund des Vorbildes Jesu, sondern in einer intensiven Beziehung mit ihm. Sie umarmt den Schmerz der anderen, weil Christus ihn gelitten hat.[178] Sie will sein armes und gehetztes Wanderleben miterleben, in seliger Weise bei ihm sein und mit ihm sein.[179]

Die körperliche Liebkosung gilt nun nicht mehr dem schönen Leib ihres Gatten, sondern dem geschundenen Leib des fremden Leidenden. Die Erotik bekommt ein anderes Vorzeichen: Wenn darunter körperliche Anziehungskraft zu verstehen ist, dann gewinnt nun der verfallende Köper eine geradezu vitale Anziehungskraft für Elisabeth. Alban Stolz scheint in seiner eindrucksvollen Biographie der heiligen Elisabeth diese liebkosende Leiblichkeit am ekelhaften Körper nicht aushalten zu können, indem er schreibt: „Desgleichen ging auch Elisabeth, gleichsam als wäre sie nur noch eine Seele ohne Fleisch und Blut, zu den abscheulichsten Kranken und berührte sie ohne Scheu, wie man ein hübsches Kind berührt."[180] Der Autor muss offensichtlich den Leib der Elisabeth erst vergeistigen, bevor sie zu so etwas fähig würde. Elisabeth aber zeigt sich in ihrer Liebe durch ihr ganzes kurzes Leben hindurch körpernah und mit einem

Hauch an Unendlichkeit, die diese Dynamik niemals abschließen kann.

1.4 Wort- und leibnah

Diese leibliche Spiritualität entspricht der Wirklichkeit aus Mt 25,40: „Was ihr dem Geringsten meiner Brüder getan habt, das habt ihr mir getan." Diesen Satz hat sie durch und durch drastisch, also „realpräsentisch", verstanden: In jedem Leidenden, in jedem Aussätzigen, in jedem Armen begegnet sie in der Tat Christus leiblich. Hier wird nicht etwa der Mensch geliebt, um Gott zu gefallen, sondern beides fällt ineinander. Gott wird im anderen geliebt. Die Menschenliebe wird also nicht für die Gottesliebe instrumentalisiert in einer Entwertung der menschlichen Person, in einem „Herabsinken zur zufälligen Begleiterscheinung des Dienstes an Gott"[181].

Es ist vielmehr so, wie wenn ein Freund einen anderen Freund schickt, der ihm lieb ist, um bei seinem Schützling ihn selbst zu vertreten. Wenn also dem Fernen die eigenen Hände geliehen werden. „So steht die Heilige zu allen Menschen, die ihr von Gott ans Herz gelegt sind, und dass sie seine Liebe an ihnen vertrete: ‚Liebet einander, wie ich Euch geliebt habe.' Wie Du den Freund im Namen des Freundes, zu dem Ihr beide gehört, mit offenem Herzen und voll Vertrauen empfängst, ... sie sieht die Menschen nicht mehr von außen, wie wir; was uns so selten geschenkt wird, in der Gnade der Freundschaft: eines Menschen Bild von Gott her zu sehen, den Namen zu hören, mit dem Gott ihn ruft: das ist ihr wunderbares Geheimnis. Sie sieht wahrhaftig durch die Augen Gottes, oder Gott sieht durch ihre Augen ... und es gibt keinen Fremden und Fernen mehr, denn Gott sieht keinen fremd und fern. Es gibt nur mehr den Nächsten und er ist wahrhaftig: der Nächste, und der erste Beste ist wirklich der erste und Beste."[182]

Es ist „die ganze, echte, menschliche Liebe eines Menschen, die Liebe, die auch wir schenken – dem Einen oder den wenigen". Auch sie „schenkt sie nur Einem und darum ist es ‚die' Liebe, aber dieser Eine hat jeden Seinen Freund genannt und sich in ihm geborgen, und so geschieht das Wunderbare, dass sie jeden lieben können kann mit der Liebe, mit der man nur Einen lieben kann."[183]

Elisabeths Spiritualität ist nicht nur geistlich und geistig, sondern nimmt auch die körperlichen Vollzugsformen der Menschen- und Gottesbeziehung in den Blick, nicht als Vernachlässigung der geistigen und geistlichen Seite der Spiritualität, sondern als die Rückgewinnung einer bestimmten biblischen und christlichen Tradition, die nicht nur wortbezogen ist, sondern im Wort in das „Begehen"[184] einer Praxis ruft, um darin in verleiblichter Form zu erfahren, was Glaube im Leben ist. So ruft Markus am Ende seines Evangeliums dazu auf, wieder an den Anfang zurückzukehren (vgl. Mk 16,7 und Mk 1,14) und nun nicht mehr nur im Wort, sondern auch mit dem eigenen Körper und dem eigenen Handeln sich in die Nachfolge zu begeben, um nicht nur den Sinn der Nachfolge zu ertasten, sondern um auch zu erspüren, welche Bedeutung er für das Leben hat. Es geht dabei auch um eine bestimmte Wörtlichkeit der Auslegung, die aber nicht fundamentalistisch ist, sondern die die eigene Leiblichkeit an die Leiblichkeit eines Textes bindet.[185] Ohne diese „Materialität" ersticken Denken und Glauben in der immer dünner werdenden Luft des „Geistes". Den christlichen Glauben gibt es nur im Mischwerk mit dem Leben. „Um ein religiöses

Leben zu führen, dürfen wir ... nicht nur eine Menge über Religion reden, sondern irgendwie muss sich unser Leben ändern."[186] Derart darf man vielleicht von einer pragmatischen Fundamentalität sprechen, die keine idealistische und auch keine exklusivistische zwischen innen und außen ist, sondern eine durch und durch solidarische, und zwar in Bezug auf alle Menschen. Auch darf man das Wort Jesu, dass Menschen de facto nicht weit vom Reich Gottes sind (vgl. Mk 12,34), über viele Menschen sagen, die dieses Wort verkörpern.[187]

Franz von Assisi war ein solcher „leiblicher Nachfolger" des Evangeliums mit einer körperlichen Spiritualität bis hinein in die Stigmatisierung, in die Somatisierung, die Verleiblichung der Kreuzesnachfolge am eigenen Leib.[188] So holt er Krippe, Ochs und Esel am Weihnachtsfest in die Szene von Greccio,[189] um sinnfällig werden zu lassen, wie klein dieser Gott ist, der hier geboren wird. Und nicht zuletzt im Ritual, vor allem in den sakramentalen Vollzügen ereignet sich vorgängig eine symbolische Praxis, der der Glaube zu folgen vermag.[190] Es ist übrigens eine Grunderfahrung in der Rhetorik, dass das Wort immer einen Bruchteil einer Sekunde nach der Gestik und Mimik kommt,[191] die sich auf dieses Wort beziehen. Der Leib ist zum Wort vorgängig, wie überhaupt die Erinnerung der Heiligen eine verleiblichte Gestalt der Erinnerung darstellt.[192]

So kann man wirklich bei Elisabeth sagen: „Vielleicht ist das die tiefste Sendung der Heiligen: dass das lebendige Gleichnis unseres Herrn Jesus Christus auf unserer Erde nie ganz verdämmert, nie ersterben kann, dass er auch in Menschengestalt auf geheimnisvolle Weise ‚bei uns ist bis ans Ende der Zeiten'."[193] Von seiner Liebe her identifiziert sie sich „unmittelbar" mit biblischen Geschichten und Gleichnissen und realisiert darin die ebenso unmittelbare Identifikation mit den Leidenden. Genau dies gibt ihr dann auch entsprechend zu denken. So wird sie zu einem vorstellungsfähigen Ort des Unvorstellbaren, nämlich einer über den Eigennutz hinausgehenden Solidarität; und zu einem Ort des Nachdenkens über das, was kausales Denken sprengt.

Dass es solche Menschen gibt, ist insofern ein Vor-Bild, als sie eine Vor-Gabe sind, die erst einmal gratis für sich selber steht und an der den Menschen aufgehen kann, wozu und woher Menschen Kraft bekommen und was ihnen von daher auch in ihrem Leben möglich sein kann: als durch das Vorbild Ermöglichtes, nicht zuerst Gefordertes. In Elisabeth ist beides, Glaube und Handeln, leiblich verbunden und darin unentwirrbar.

Wir benötigen solche Solidaritätsvorgaben, in denen die unmögliche Möglichkeit, über die eigenen Kreise und über den Eigennutz hinaus den Kindern der Welt genauso viel Solidarität zu geben wie den eigenen, zum praktischen Begehren und zur Verantwortung wird.[194] Das „Martyrium", das Zeugnis, in all seinen dosierten und akuten Formen, in seiner persönlichen wie auch politischen Notwendigkeit wird dann die Signatur nicht nur christlicher, sondern überhaupt menschlicher Existenz sein: auch als Gegenbild zu jenem in der Gesellschaft anlaufenden Martyriumsverständnis, das von Menschen geprägt ist, die ihre Hingabe zur *Zerstörung* anderer einsetzen.[195] Wenn über eine Milliarde Menschen an Hunger und Durst leidet, wenn sich die Armut also verschwenderisch vermehrt, dann liegt die Ursache darin, dass die Solidarität zwischen Menschen und Völkern keine Verschwendung kennt, damit allerorten Gerechtigkeit geschehen kann.

1.5 Macht der Unterwerfung

Elisabeth hat gehorcht, als Konrad ihr ihre bisherigen Begleitfrauen abgezogen hat, damit sie in der Begrenzung ihrer guten Taten kontrollierbar war, aber die Furcht vor der Begrenzung ihrer Liebe war ihr völlig fremd. Elisabeth hat gehorcht, wenn Konrad sie mit auch körperlichen Bußauflagen peinigte. Warum gehorcht sie (und gehorcht sie doch nicht) der Gegenstimme ihrer selbst?[196]

Umwege und Irrwege des christlichen Gehorsams vermischen sich manchmal in erschreckender Weise. Nicht nur, dass unterschiedliche Zeiten auch unterschiedliche Weisen des Gehorsams entwickeln, sondern dass es eine kirchliche Tradition gibt, die dem Gehorsam auch dann spirituelle Qualität zuweist, wenn man gerade, vor allem im Nachhinein, nicht glauben kann, „dass jede menschliche Weisung in ihrem Inhalt einer göttlichen Willensbekundung gleichkommt"[197].

Es ist hier schwer, den genaueren Zusammenhang von Unterwerfung und Macht bei Elisabeth auf der Textebene der Quellen, und ganz unmöglich, ihn historisch klären zu wollen. Vielleicht darf ich hier an die Überlegungen zum Verhältnis von Hingabe und Unterdrückung in der Spiritualität von Frauen erinnern, wie sie Sarah Coakley entwickelt hat. Fast als hätte die Autorin Konrad von Marburg im Sinn, schreibt sie: „So ist denn auch die spirituelle Literatur in der christlichen Überlieferung übervoll von Beispielen von männlichen Seelsorgern und Exerzitienmeistern, die es vorgezogen haben, diese besondere kontemplative ‚Verwundbarkeit' für das Göttliche mit erzwungener weiblicher Unterordnung unter priesterliche Autorität oder mit unverdientem und unnötigem Leiden physischer und geistiger Art zu vermischen."[198]

Gegenüber feministischen Konzepten, die von solchen Erfahrungen und Analysen her den Begriff der Kenosis in Verbindung mit Frauen zurecht äußerst kritisch wahrnehmen, gibt Coakley die Gefahr zu bedenken, die „in der *Repression* aller Gestalten von ‚Verwundbarkeit' und in dem damit verbundenen Versäumnis (bestünde), Fragen von Gebrechlichkeit, Leiden oder ‚Selbst-Entäußerung', die außerhalb einer direkten Opferrolle liegen, aufzugreifen"[199]. Diese Verwundbarkeit zeigt in der Geschichte ein eigenartiges „Paradox von Macht und Verwundbarkeit"[200], ist jedenfalls nicht wirkungslos, wie nicht zuletzt auch die Geschichte der Elisabeth zeigt. Eine solche Selbstentäußerung „ist keine Selbstverneinung, sondern der Ort der Verwandlung und Ausbreitung in Gott hinein"[201]. Für Elisabeth darf man sagen: Bei ihr geht es „um eine Gestalt von Unterwerfung, in welcher das Selbst an seinem tiefsten Ort durch das Göttliche verwandelt und ermächtigt wird"[202].

Im Gespräch mit dem Mönchsbischof Gregor Palamas (1296–1359) und seinem körperlich-physischen Herzensgebet spricht Coakley vom „Abstieg des Verstandes in das Herz", des Denkens also in den Leib.[203] Denn der Wandel kann sich nicht durch bloßes Denken ergeben, sondern nur durch eine Praxis „*gegen* den Strom der vorherrschenden kulturellen Auffassungen", in einem zumindest zum Teil heterogenen Verhalten.[204] Bei Elisabeth gegen die an sie getragenen Erwartungen, wie sich eine Landgräfin, eine hohe Frau und auch eine richtige Mutter und Hausfrau zu verhalten habe. Derart unterläuft sie vorgängige Rollenzuweisungen und weist sich selbst in neue eigene Rollen ein. Von ihrem Herzen her, von ihrer leiblich verwirklichten Transzendenz zum anderen hin erfährt sie die treibende Kraft für diese „schwer fassbare persönliche Transformation jenseits der normalen menschlichen Erwartungen und Beschränkungen"[205].

An Elisabeth kann man in ihrer Zeit sehen, dass die Transformation der Gender-Rollen immer beides ist, zum einen ein sich Einfügen-Müssen in vorhandene Handlungsstrukturen (weil man diesen nie ganz entkommen kann, es sei denn, man stürbe, was ja Elisabeth schließlich höchst frühzeitig auch wirklich tut), zum anderen die gerade darin nötige und mögliche Subversion des Gängigen durch partielle Transformationen.[206] Das Radikale besteht darin, dass nicht das Denken, sondern der Leib die treibende Kraft darstellt.[207] So trifft zu: „Dem Christen ist sie ein Zeichen der verzehrenden Unerreichbarkeit des Christentums … sie hat vielmehr als Fürstin und Frau für den, der die Macht des Unsichtbaren, des Gebetes, der Sühne, einfach der gläubigen stellvertretenden Schmerzen anerkennen will, ihre Bestimmung erfüllt."[208]

Dabei hat Elisabeth eine unmittelbare Fähigkeit zum Lob Gottes, zum Tedeum, und zwar auch gegenläufig zu dem, was sie erlebt, zum Beispiel in der Nacht der Vertreibung von der Wartburg.[209] Immer wieder ist in den Quellen von Jubel und Freude die Rede, aber auch mit gleicher Tiefe von uferlosem Schmerz vor allem bei der Todesbotschaft ihres Gatten. Aber selbst da kann sie den Willen des Vaters preisen: „Herr, Du weißt es wohl: könnte es mit Deinem heiligen göttlichen Willen geschehen, so wäre mir sein Leben und seine liebliche fröhliche

Gegenwart und sein Angesicht lieber als Freude und Ehre dieser Welt, so wollte ich gerne alle Tage mit ihm betteln gehen. Aber wider Deinen Willen, liebster Herr, wollte ich ihn nicht wieder zum Leben bringen, wenn ich's um den Preis eines Haares tun könnte."[210] Das ist es, was in ihr aufscheint: Gott größer sein zu lassen als das eigene Elend.[211]

2. Johannes Ciudad in Granada

2.1 Unruhige Jahre

Drei Jahre nach jenem folgenschweren Geschichtsdatum 1492 wird Johannes Ciudad Duarte[212] in der portugiesischen Gemeinde Montemor-o-Novo in der Provinz Alemtejo geboren. Seine Eltern haben ein Obstgeschäft. Aus welchen Gründen auch immer – mit acht Jahren läuft er von zu Hause davon. Im Zusammenhang „christlicher" Familien- und Gehorsamsideologie hat die Hagiographie des Johannes mit diesem Tatbestand einige Schwierigkeiten gehabt. Hat ihn vielleicht ein Geistlicher, ein Pilger, ein Priester mitgenommen, denen er trotz seiner großen Liebe zu den Eltern gehorcht hat? Also ein größerer Gehorsam dem kleineren Gehorsam den Eltern gegenüber? Dann wäre immerhin der Gehorsam salviert. Wahrscheinlich nichts dergleichen. Wir haben es ganz einfach mit einem blutjungen Ausreißer zu tun, dem „seine Eltern ... offenbar gleichgültig (waren), eine befremdende Tatsache, die man zugeben muss. Das Gebot ‚ehre Vater und Mutter' scheint ihn nicht beeindruckt zu haben. Johannes war ausgerissen, wie es auch von Theresia von Avila berichtet wird."[213]

Da man in der christlichen Erziehung den jungen Leuten nicht zumuten konnte, dass Heilige ihren Eltern gegenüber ungehorsam waren, hat man sich bis in die Version hinein verstiegen, Johannes sei gewaltsam und gegen seinen Willen entführt worden. Die angedeuteten hagiographischen „Tricks" signalisieren ein grundlegendes und bis in die Evangelien hineinreichendes Dilemma, das Heinrich Böll folgendermaßen auf den Punkt gebracht hat: „Dann gibt es aber auch sehr grausame Gleichnisse in den Evangelien, etwa das vom verlorenen Sohn. Dieses Gleichnis ist ja grausam. Da wird gesagt: Ihr, die ihr immer brav durch die Gegend lauft, macht euch nicht so viel Hoffnung – während uns gleichzeitig die Bravheit gepredigt wird."[214]

Es ist einfach nicht zu leugnen, dass man gerade im Blick auf Jesus mit der Bravheits- und Gehorsamsideologie nicht sehr weit kommt: Jesus thematisiert dies mit dem Verlassen von Vater und Mutter und mit den Spaltungen, die quer durch die Familien gehen (vgl. Mt 12,47–50; 19,29). Nachfolge Jesu ist, wenn man viele Heiligengeschichten unverblümt liest, nicht gerade etwas, was organisch aus familiärem oder kirchlichem Gehorsam herauswüchse. Oft ist gerade das Gegenteil der Fall. Nicht die lineare Weiterführung bestehender Ordnungen ist der oberste Wert, sondern in vieler Hinsicht die Turbulenz des Reiches Gottes, das sich chaotische und nicht-lineare Wege sucht.

Johannes findet eine Pflegefamilie in Oropesa in Spanien, die ihn als Findelkind „von Gott" (wie Findlinge damals genannt wurden) aufnimmt und wo er als Schafhirte arbeitet. 1532, also mit 37 Jahren, verdingt er sich als Soldat im Feldzug Kaiser Karls V. gegen die Türken und gelangt dabei bis nach Österreich und Ungarn. Danach

(1534) kommt er in das spanische Ceuta an der Küste Nordafrikas. Er arbeitet als Tagelöhner in der Bauarbeit der Festung dieser Stadt.

Später findet man Johannes als Schriftenverkäufer in Gibraltar. 1538 kommt er im Alter von 43 Jahren nach Granada. Die Legende erzählt: Dem fahrenden Buchhändler Johannes Ciudad Duarte hat eines Tages ein Kind einen Granatapfel überreicht und gesagt: „Johannes, Granada wird dein Kreuz sein." Granada wird für ihn zu einem beruflichen Aufstieg: Hier wird er sesshaft mit einem kleinen Straßenladen, wo er Bücher und Kleinschriften verkauft. Aber er bleibt nicht bei den Drucksachen, Schriften und Buchstaben stehen. Der nächste Schritt steht noch aus.

2.2 Vom Buch zum Leben

Jetzt geschieht, was später seine „radikale Umkehr" genannt wird. Es sind diese beiden Augenblicke: Johannes kann in der Gasse, wo er wohnt, an einem dort liegenden kranken Bettler nicht mehr einfach vorübergehen; *und*: Er hört eine Predigt des Johannes von Avila und spürt plötzlich, dass es so wie bisher mit ihm nicht weitergeht. Johannes von Avila predigt in der Märtyrerkapelle, insbesondere darüber, wie bei den Märtyrern Wort und Leben zusammenfallen und sie dadurch zum Beispiel werden.

Johannes weiß sich im Anschluss an die Predigt des Johannes von Avila zutiefst als Sünder, ja als einer, der bisher nichts anderes als Schuld auf sich geladen hat. Er ist außer sich, er weiß gar nicht, wie ihm geschieht. Er wälzt sich zu Boden, schreit, wirft seine Bücher auf die Straße und das Geld hinterher. Gerade in diesem Zustand erfährt er von Gott jene bedingungslose Barmherzigkeit, die er später den Kranken zukommen lässt. In der Theologie des zur gleichen Zeit im nördlichen Europa wirkenden Reformators: Johannes erfährt sich als Sünder und von Gott zugleich gerechtfertigt, um im Durchgang durch die Krise den Glauben daran zu lernen, dass er jederzeit beides ist und bleibt, mit all den Implikationen (der unbedingten Liebe allen Menschen gegenüber), die dieser Gnadenerfahrung entspringen und entsprechen. Dies ist eine ausschlaggebende Scharnierstelle zwischen „vorher“ und „nachher“: die voraussetzungslose Liebe Gottes, die die SünderInnen annimmt und für ein neues Leben freisetzt.

Johannes wird in das Jahrhundert der großen Abenteuer hineingeboren. Im letzten Jahrzehnt des 15. Jahrhunderts erfolgen die zwiespältigen „Entdeckungen“ neuer Welten: verhängnisvoll nicht nur für die Letzteren, sondern auch mit der Wirkung mannigfacher Turbulenzen für die „alte Welt“. Mit der gleichen vernichtenden Intoleranz, mit der die neuen Länder um ihr Gold und ihre Kulturen gebracht wurden, werden in der Reconquista auf der Iberischen Halbinsel die Muslime und ihre Kultur zwangsintegriert oder vertrieben. 1492 fällt ihr letztes Bollwerk: Granada! Beides geschah auch im Namen des Glaubens: die Conquista gegen das Heidentum und die Reconquista gegen den Islam. Signifikanterweise kommen beide Strategien in Granada zusammen, nämlich durch die Tatsache, dass Kolumbus in der Kathedrale von Granada bestattet wurde.

Just hier, in Granada, wo die geschichtlichen „mainstreams“ bedeutsam genug zusammentreffen, wird ein demgegenüber viel kleineres, aber umso alternativeres Rinnsal entspringen, aus einer ganz anderen Quelle, nämlich aus der Quelle der Barmherzigkeit allen Menschen gegenüber, seien es die Christen oder die Muslime, aus der Liebe vor allem denen gegenüber, die krank sind und Not leiden. Eine Gegenbewegung also zu der Gewalttätigkeit und Ungerechtigkeit der geschichtlichen „Hauptströme“, die Krankheit und Not brachten. Zwei völlig entgegengesetzte Weisen, wie der christliche Glaube „funktioniert“: als Solidaritätsmotiv für alle Menschen oder als Vernichtungsmotiv gegen die Ungläubigen, weil es doch besser sei, die Ungläubigen zum Glauben zu zwingen, als sie der Hölle zu überantworten. In solcher „Höllendiakonie“ ist jede Grausamkeit erlaubt, mit den unseligsten Folgen einer Ideologie, in der die Glaubensgrenzen die Heilsgrenzen sind.

2.3 Das Herz befehle!

Über den Haupteingang des Torbogens, hinter dem Johannes die ersten Kranken pflegt, lautet eine Inschrift: „Das Herz befehle!“ Hier kommt zum Ausdruck, dass die unmittelbare Barmherzigkeit leidenden Menschen gegenüber die Basis für alle Begegnungen und Verstehensmöglichkeiten darstellt (vgl. Lk 7,13). Dass das Herz befiehlt, meint hier keinen entfremdenden Befehl von außen, sondern benutzt diesen gesetzlichen Begriff des Befehlens und pflanzt ihn in die ungesetzliche Reaktion der Liebe hinein, gleichsam um in diesem sprachlichen Paradox jene Unbedingtheit und nicht mehr Wegdiskutierbarkeit, jene unbeliebige Urevidenz auszudrücken, die die Kraft der Barmherzigkeit haben kann oder könnte, wenn sie nicht durch so viele defensive Reaktionen und Sicherheitsstrategien verschüttet wäre.

Johannes zeigt deutlich: Wer einmal diese unmittelbare Kraft der Barmherzigkeit in seinem Innersten als von

Gott geschenkt entdeckt hat und zum Leben hat kommen lassen, der kann nicht mehr anders, als dementsprechend das Handeln und Denken zu gestalten. Ein anderes Wort des Heiligen bringt die Verbindung eines solchen Herzens mit Christus: „Ich vertraue allein auf Jesus Christus, denn er kennt mein Herz." Walter Nigg schreibt einfühlsam: „Das Herz bildet den ersten Personenkern; es ist das wahre Selbst und es ist das Organ, das Gott spürt."[215] In diesem Zentrum seiner selbst lässt sich Johannes vom Leiden Christi und vom Leid der Menschen „stigmatisieren"[216].

Die Umkehr kann für Johannes nicht gründlicher und krisenhafter sein. Nicht von ungefähr verwenden manche Biographen das Bild des pfingstlichen Feuers, eines wilden Feuers, das ihn „bis ins Innerste durchglüht, gehämmert und neu geformt" hat.[217] Die Unruhe seines bisherigen Lebens, die immer wieder neue Abenteuer gesucht hat, bricht nun geballt aus ihm heraus und zerbricht ihn gleichzeitig. In dieser Situation des Irr-Sinnes ist Johannes allein, unverstanden und isoliert, wie er auch später zumindest anfangs in der Verwirklichung seines neuen „Sinnes" allein sein wird.

Im Bekehrungsprozess erfährt Johannes hautnah die Leiden einer anderen Menschengruppe: die der psychisch kranken Menschen. Die Leute von Granada reagieren entsprechend, nicht bösartig, sondern eben, wie sie es gewohnt sind bei solchen Tobsüchtigen. Sie bringen ihn in das königliche Spital und dort in die Abteilung für die „Geisteskranken". Dadurch wird er vor sich selber, aber auch vor dem Pöbel beschützt, der ihn verschimpft, verhöhnt und verlacht.

Johannes kommt in direkten Kontakt mit denen, für die er später da sein wird, aber zuerst einmal als Mitbetroffener selbst. Und er erfährt am eigenen Leib, wie mit „Verrückten“ umgegangen wird: in großen Räumen zusammengepfercht, ohne Rücksicht auf die Verschiedenheit der Krankheiten, in Akutzuständen gefesselt und in Zellen gesperrt, geschlagen, mit Schreckbildern, Teufelsaustreibungen und Ketten traktiert.[218] Trotzdem: Johannes kommt in dieser traurigen Umgebung zur Ruhe, es geht im allmählich besser, und es wird ihm gestattet, sich frei zu bewegen und bei der Pflege und bei den Arbeiten im Hause mitzuhelfen. In dieser Zeit des direkten Zusammenlebens und Umgangs mit unterschiedlichen kranken Menschen klärt sich bei ihm sein künftiges Leben.

Am Ende findet seine tiefe Krise eine ganz einfache Lösung: den Kranken und den Armseligsten zu helfen und sie zu pflegen. Er weiß, dass er diesbezüglich von den Reichen und Mächtigen abhängig ist. Mit dem Ruf „Tut Gutes, Brüder!“ läuft Johannes abends durch die Stadt, um für sein Krankenhaus Almosen zu bekommen. Was in seinen wenigen überlieferten Briefen zum Vorschein kommt, dürfte bereits damals eine für die Menschen in Granada hilfreiche Motivation gewesen sein: Wenn ihr den Armen und Kranken Gutes tut, dann ist dies die günstige Gelegenheit, auch euch selbst Gutes zu tun! Damit meint er wohl, einmal für dieses Leben, solltet ihr selbst einmal krank und arm werden. Dann aber auch für das jenseitige Leben, in dem Gott all dieses Gute sehen wird. Immerhin kommt so die Aufforderung, Gutes zu tun, nicht als blankes Gesetz auf die Menschen zu, auf das sie dann auch oft defensiv reagieren, sondern als etwas, das auch für sie selbst ein Geschenk ist, eine Gnade also werden kann.

Er braucht die Almosen. Beides also nimmt er in die Hand: das Betteln für seine Kranken und ihre Pflege. „Die neue und rettende Tat des Johannes von Gott bestand darin, dass er seine Krankenpflege auf dem Prinzip des Bettelordens aufbaute.“[219] Nicht von ungefähr verstand sich Johannes von daher selbst als ein Tertiar, als assoziiertes Mitglied des Franziskanerordens. Das ursprüngliche Ordenswappen zeigte denn auch die Utensilien eines Sammelbruders (Reisestab, Tasche und Sammelbüchse): das Signet für die von Anfang an realistische und offensive Einstellung, dass man sich bei den Reichen holen muss, was man für die Bedürftigen braucht.

Eine beträchtliche Zeit ist Johannes ziemlich alleine mit dieser Doppeltätigkeit des Bittens und des Pflegens. Bereits 1539 kann Johannes ein Haus anmieten und dort sein erstes Hospital einrichten. Zunehmend finden sich Männer ein, die bei der Krankenpflege mithelfen. Dann gesellen sich erste Jünger zu ihm, die wie er und zusammen mit ihm insgesamt ein solches Leben in der Nachfolge Jesu auf sich nehmen möchten. Erst als es mehrere solcher „Gruppen“ auch in anderen Städten Spaniens und darüber hinaus gibt, wächst das Bedürfnis einer überregionalen kirchlichen Anerkennung. 1571 werden sie vom Papst als Kongregation autorisiert und der Regel des hl. Augustinus unterstellt. Papst Sixtus V. erhebt diese Kongregation dann 1586 in den Rang eines Ordens: der „Barmherzigen Brüder“.

2.4 Spiritualität des Dienens

Johannes sucht eine anspruchsvolle Spiritualität: „Dienen wir dem Herrn nicht wegen der Glorie, die er denen geben wird, die ihm gedient haben, sondern einzig wegen seiner Liebe zu uns.“ Hier kommt zum Ausdruck, was er offensichtlich in seiner Bekehrung zutiefst begriffen hat. Die Begegnung mit Gott und auch mit Menschen kann nicht durch ein „Wenn und Aber“ verdinglicht werden, sondern hat ihre Authentizität gerade darin, dass sich die Beteiligten unverstellt und unmittelbar annehmen. Johannes begegnet Gott, insofern er sich (als Sünder!) von ihm unbedingt geliebt weiß (da wird die Frage unsinnig, was er „dafür bekommt“). Und: Johannes ist mit der gleichen Unbedingtheit auf der Seite der Armen und Kranken; ohne „Wenn und Aber“ geht es um die heilende und teilende Begegnung mit diesen Menschen. Derart zeigt sich, wie sehr Gottes Liebe zu den Menschen und deren Nächstenliebe zusammenhängen.

Johannes lebt von einer unmittelbaren und konkreten Christusfrömmigkeit her, in der Glaube und Handeln sich zu einer untrennbaren Einheit verbinden. Denn er glaubt an jenen Jesus, der in den Geschichten der Evangelien den Armen und Kranken begegnet ist und sie leiblich und seelisch heilte. Diesem Jesus will er „stets gefallen und dienen“. Dieses Wort von ihm eröffnet aber zugleich die andere dementsprechende Seite seiner Jesusfrömmigkeit: Er dient Jesus nicht nur indirekt dadurch, dass er seinem Vorbild nachahmt, sondern direkt darin, dass er ihm unmittelbar in den Armen und Kranken begegnet. Sein einfach-praktisches Bibelverständnis erlaubt es in keiner Weise, dass er die Selbstidentifikation Jesu mit den Fremden und Kranken (in Mt 25,35–40) nur übertragen, metaphorisch oder symbolisch verstehen könnte. Er versteht diese Identifikation Jesu mit den Leidenden durch und durch realistisch und drastisch. Anders hätte sich sein Glaube nicht in dieser unmittelbaren Weise mit der Wirklichkeit der Leidenden verbunden.

Der spirituellen Begegnung mit dem im Gottesdienst gegenwärtigen Christus entspricht in gleichstufiger theologischer Würde seine Gegenwart in den Leidenden. Die helfende und politische Diakonie ist nicht (nur) eine ethische Konsequenz der Christusbeziehung, sondern ihr zentraler Vollzug! Die „Option für die Armen" ist das „Herzstück" der Christopraxie. Die Weihe an Christus entlässt aus ihrem Zentrum heraus die Nachfolge Jesu zum Heil und zur Befreiung der Menschen.

2.5 Integrative Pflege

Diese Verbindung von Glaube und helfender Praxis spiegelt sich auch in seiner helfenden Praxis selbst wider. Er wollte den Menschen helfen an Leib und Seele und dadurch das ganzheitliche Vorbild Jesu in seinem eigenen Handeln vergegenwärtigen: nämlich dessen ärztliche und dessen seelische Kraft des Befreiens und Heilens. So setzte er neue Maßstäbe in der Krankenpflege. Nicht nur die Wunden werden verbunden, nicht nur wird etwas für die Betroffenen getan, sondern es geschieht eine Hinwendung zu ihnen, die mit der gesamten Person ein Mitfühlen und Mitverstehen aufbauen. In solcher Empathie wird aus der Fürsorge ein Mitleben. Darin steht die Würde derer, denen geholfen wird, im Mittelpunkt.

Hospital- und medizingeschichtlich leitet Johannes eine epochale Wende ein. Nach einer jahrhundertelangen Epoche der von religiösen Genossenschaften getragenen Spitäler (im 12. Jahrhundert insbesondere die der Heiliggeistbrüder) hatte Ende des 13. Jahrhunderts allmählich die Epoche der städtischen Krankenfürsorge begonnen, mit Spitälern, die von den Zünften und Reichen unterstützt und mit besonderen Privilegien ausgestattet waren. Mit Ende des 15. Jahrhunderts kam es verschiedenenorts auch zu gewissen Missständen: „Die reichen Spitalspfründen sahen als Träger und Nutznießer Günstlinge verschiedenster Art. Die wirkliche Arbeit und die Dienste am Kranken versah nunmehr überwiegend ein bezahltes Mietpersonal unterschiedlichsten Charakters, das jedoch vielfach träge und gewinnsüchtig war, die Kranken teilnahmslos, roh, ja erpresserisch behandelte."[220]

Wieweit und wo immer diese Kritik zutreffend war, in jedem Fall organisiert Johannes die Krankenpflege nun in einer ganz neuen Weise, nämlich konsequent „von unten" her, und zwar in einem zweifachen Verständnis: einmal aus der direkten Begegnung mit den Betroffenen heraus, zum anderen dezidiert hinsichtlich solcher kranker Menschen, die aus den untersten Schichten kommen. Deswegen konnte es auch nicht ausbleiben, dass er neben seinem Spital ein besonderes Haus als „Obdachlosenasyl" eröffnete, „in dem die Obdachlosen, Armen und Wanderer schlafen konnten"[221], die nicht krank waren. So reagiert er strukturell nicht nur auf kranke Arme, sondern bereits auf Arme, damit sie nicht krank werden müssen.

Auch der Krankendienst selbst verändert sich: Die Kranken werden je nach ihrer Krankheit voneinander abgesondert und nicht unterschiedslos, meist in gemeinsamen Betten, zusammengelegt. Jede(r) Kranke bekommt ein eigenes Bett; peinlich wird auf Sauberkeit geachtet. Johannes begründet einen neuen Umgang mit geisteskranken Menschen: Er rückt heftig ab von der Ideologie der Besessenheit und entdeckt darin eine Krankheit des Gemütes und des Kopfes. Die Behandlung kommt aus der Haltung der Barmherzigkeit, insbesondere das liebevolle Gespräch wird zum Medium der Therapie. Dies ist das Leitmotiv: „Jedem Kranken sein Bett! Getrennte Krankenstationen! ... Aufnahme aller Armen und Kranken ohne Unterschied der Religion, Nation und Rasse! Behandlung des ganzen Menschen: Leib und Seele!“[222]

Weil der Mensch im Mittelpunkt steht, geht es nicht nur um eine partielle Hilfe an den Stellen, wo er Schmerzen bzw. Not leidet; vielmehr wird der ganze Mensch ernst genommen, auch und gerade mit seiner Suche nach unendlicher liebender Anerkennung. Johannes „spricht mit ihnen über Gott ...“[223] Immer geht es ihm um diesen Zusammenhang: „Heilt die Kranken und verkündet das Evangelium!“ Hier öffnet sich das Heilen zum Heil. Darin gründet die Verpflichtung des Ordens zur sozialen und apostolischen Tätigkeit.

Das Apostolat ist dabei an die soziale Tätigkeit gebunden und entfaltet sich erst auf ihrem Boden als unmissverständlicher Glaube an den Gott, der tatsächlich die Liebe ist. Es stehen nicht nur dem Orden der Barmherzigen Brüder keine anderen Mittel zur Verkündigung des Evangeliums zur Verfügung als ein heilender, befreiender und teilender Umgang mit den Menschen. Johannes fragt deshalb auch nicht nach Religion und Herkunft. Sein soziales Handeln nimmt Maß an der universalen Liebe Gottes selbst. Und genau diese Tätigkeit wird zum vorzüglichen Ort, von diesem Gott zu sprechen. Bei der Beerdigung des Johannes sind auch viele trauernde Muslime hinter seinem Sarg mitgegangen, „weil Johannes von Gott in seiner Krankenpflege nie einen Religionsunterschied gemacht hatte“[224]. Derart war Johannes von Gott zu seiner Zeit ein Kirchenreformator ersten Ranges! Und er bleibt es mit aktueller Brisanz für die Zukunft.

3. Viele andere

Die „kleine“ Therese von Lisieux (1873–1897) leuchtet den Weg voran,[225] auf dem viele andere Reformatoren und Reformatorinnen des Christentums zu entdecken sind.[226] Sie kannte keinen Selbstruhm des Glaubens und war ein Leben lang in ihrem Glauben zugleich von Glaubenszweifeln beunruhigt. Für sie gab es den Glauben überhaupt nicht ohne sein Gegenteil. Karl Rahner hat dies zum 100. Geburtstag der Heiligen folgendermaßen formuliert: „Da ist ein Mensch, der geboren ist in der tödlichen Anfechtung des leeren, bis zum Grund gehenden Unglaubens und der *darin* geglaubt hat.“[227] Tomas Halik zeichnet den scharfen Gegensatz zwischen der Reaktion der damaligen Kirche, die ihre Glaubensherrschaft über die Menschen wegschwimmen sieht, und Therese, die „erklärt, *sie verstehe Ungläubige als ihre Geschwister*, mit denen sie jetzt *am gemeinsamen Tisch sitze und dasselbe Brot esse* – und bittet Jesus, er möchte sie von diesem Tisch nicht vertreiben“[228]. Aber auch in dem Sinne, dass der Glaube selbst um die Erfahrungen der Nichtgläubigen erweitert wird.[229] Dagegen bricht in „der Kirche … eine tobsüchtige, paranoide Kampagne gegen den ‚Modernismus‘ los …“[230], und die Strategien des Glaubenszwanges lassen keinen Raum für den liebevollen Blick. Genau um diesen religionskritischen Unterschied geht es auch in Zukunft.

3.1 Weltgebetstag der Frauen

Die Katholisch-Theologische Fakultät der Universität Tübingen hat am 17. Oktober 2002 an Frau Helga Hiller, evangelische Pfarrerin in Kornwestheim, für ihre praktischen und wissenschaftlichen Verdienste um den Weltgebetstag der Frauen die Ehrendoktorwürde verliehen.[231] Sie erhielt diese Ehrung für ihr 25-jähriges Engagement für den Weltgebetstag der Frauen in Deutschland und im internationalen Bereich sowie für ihre theologisch-wissenschaftliche Reflexion dieser internationalen Bewegung christlicher Frauen.[232] Mit ihr wurde der Weltgebetstag der Frauen selbst das erste Mal in dieser Weise von einer theologischen Fakultät geehrt.

Die Praxis des ökumenischen Weltgebetstags der Frauen, die es seit über 90 Jahren weltweit und seit über 60 Jahren auch in Deutschland gibt, vermittelt ein eindrückliches Vor-Bild des Zusammenhangs von Glaube und Solidarität. Der Weltgebetstag der Frauen ist die größte internationale ökumenische Bewegung von Frauen. Das Motto lautet „Informiertes Beten – betendes Handeln". Träger ist das Internationale Weltgebetstagskomitee mit Sitz in New York. In Deutschland wird der Weltgebetstag vertreten durch das Deutsche Weltgebetstagskomitee mit Sitz in Stein bei Nürnberg, gebildet aus Frauenorganisationen aller Konfessionen.

An jedem ersten Freitag im März feiern Millionen von christlichen Frauen in etwa 170 Ländern einen Gottesdienst in ökumenischer Gemeinschaft, den Frauen eines Landes oder einer Region verfasst haben. 2017 heißt das Thema „Am I Being Unfair to You?" Es greift ein Wort aus dem Gleichnis der Arbeiter im Weinberg auf,[233] das die philippinischen Frauen aus ihrer Sicht interpretieren. Sie bringen hier ihre soziale Situation mit ein, die unzähligen Menschen, Frauen, die von den Philippinen weggehen und für wenig Geld ausgebeutet werden, oder Menschen, die sich auf den Feldern auf den Philippinen als Tagelöhner verdingen müssen. Die Stimme der philippinischen Frauen steht im Zentrum, und Millionen von Frauen machen sich an diesem Tag mit diesem Text deren Stimme zu eigen – auch wenn ihre Lage eine andere ist. Dieser gemeinsame Gottesdienst als Grundlage für die Feiern rund um die Welt ist der Dreh- und Angelpunkt der Bewegung. Er knüpft Verbindungen in Solidarität zwischen Frauen über nationale und konfessionelle Grenzen hinweg.

Aus der Kollekte am Weltgebetstag werden Frauenprojekte weltweit unterstützt. Die je unterschiedlichen Glaubensidentitäten der verschiedenen Konfessionen kommen bei diesen Gottesdiensten und auch schon in der langen gemeinsamen Vorbereitungszeit im gemeinsamen Beten so zusammen, dass sie aus sich heraus Wegweisung und Kraft für das gemeinsame Handeln geben. Das Gebet delegiert nicht die Verantwortung an Gott ab, sondern empfängt sie umso intensiver aus Gottes Hand.

Um den Gottesdienst als eigenen halten zu können, muss man etwas über die jeweiligen Frauen und das Land wissen. So entwickelt sich eine Dynamik, die die Wahrnehmung verschärft und daraus das notwendige Handeln unterstützt.[234] Jedes Jahr begeben sich die Frauen aus aller Welt in einen intensiven Dialog der Information und des Betens mit einem Land und setzen sich dort konkret für Gerechtigkeit und Barmherzigkeit ein. Ein solches Beten, das mit Wissen um die Lage der Frauen unterfüttert ist, führt zum Handeln und umgekehrt. Dieses Handeln kann in der Unterstützung von Frauenprojekten liegen, es kann aber auch in politischen Aktionen oder Stellungnahmen münden. Unschätzbar ist die intensive Bildungs-, Informations- und Solidaritätsarbeit, die von alledem seit vielen Jahrzehnten ausgeht.[235] Von dieser praktischen Ökumene kann die Ökumene der offiziellen Kirchenorgane lernen: Gebet und Selbstverpflichtung bedingen sich gegenseitig. Gemeinsames Christsein ereignet sich „zwischen Aktion und Kontemplation".

Diese einmalige ökumenische internationale Bewegung fördert transkulturelles Wissen und verbindet zwei Formen von Wissen, religiöses Wissen und Alltagswissen über das Land in Bezug auf die Frauen. Damit verbindet sich ein Lernprozess, der die politische, soziale und kulturelle Realität zusammen mit der religiösen Botschaft der Gottesdienste in den Blick nimmt. Diese Verbindung schaffen etwa die philippinischen Frauen durch ihre Identifikation mit den Armen des Gleichnisses (Mt 20,1–16). Die Übernahme des Gebets fördert einen Transfer in die eigene Sprache, der aber anderen Frauen solidarisch Stimme verleiht. Im Medium des Gebets und Gottesdienstes findet die Begegnung mit der anderen Lebenswelt statt, verbinden sich Glaube und solidarische Praxis, die über den Gottesdienst selbst hinausreicht.

Nun beauftragt das Internationale Komitee nicht immer nur Frauen aus ärmeren Ländern, sondern à la longue zielt die Verteilung auf eine ausgewogene Repräsentation der Regionen. Solidarität gilt es auch mit Menschen in den eigenen Ländern zu entwickeln, wenn etwa die französische Vorbereitungsgruppe 2013 zum Thema „Ich war fremd – ihr habt mich aufgenommen" schreibt.

Es ist eine Ökumene in „Life and work", die sich im Leben und im Handeln für Gerechtigkeit, Friede und Bewahrung der Schöpfung, für die Caritas im lokalen und globalen Sinne einsetzt. Die Glaubens- oder Konfessionsdifferenzen sollen und können damit nicht beseitigt werden. In dieser ökumenischen Zusammenarbeit liegt das einigende Ziel bei etwas Drittem: die Stimme von Frauen anderer Länder hörbar zu machen und zusammen darauf zu reagieren. Damit wird zugleich ein Stadium zwischenkirchlicher Existenz erreicht, in dem die spezifischen Wahrheitsansprüche der Kirchen nicht relativiert werden müssen, um zusammenarbeiten zu können. Die ökumenische Weltverantwortung lebt von dieser Begegnungsethik,[236] in der der Samariter die Vorfahrt hat.

Analog dazu kann man den konziliaren Prozess sehen, wo die Christen und Christinnen aus unterschiedlichen Kirchen gemeinsam an Fragen der Gefährdung der Umwelt, der Gerechtigkeit und der Zukunft der Menschen arbeiten. Dieses gemeinsame Arbeitsziel führt dann auch zu neuen gegenseitigen Erfahrungen im Bereich des gemeinsamen und des je eigenen Glaubens. In ihrer Weltverantwortung konzentrieren sich diese ökumenischen Initiativen auf ganz bestimmte Themen und sind deshalb darauf angewiesen, die Bemühungen um einen Glaubenskonsens zwischen den Kirchen in einen neuen Prioritätenhorizont zu stellen. Dabei können die unterschiedlichen Glaubensakzente im Prozess des gemeinsamen Tuns bereichernd und phantasiesteigernd zum Tragen und in die Diskussion kommen, im eigenen Kontext wie im interkulturellen Austausch.

Die Frauen stehen auch dann für die Solidarisierung für die Frauen aus dem jeweiligen Land ein, wenn es dadurch im eigenen Land zu Konflikten kommt. Beim Weltgebetstag der Frauen aus Palästina 1994 kam es zu heftigen Auseinandersetzungen. Palästinensische christliche Frauen hatten die Gebetsordnung aus ihren Erfahrungen heraus verfasst. Die Besonderheit, dass in einem Kontext von schwierigen ökumenischen Beziehungen der offiziellen

Kirchen Frauen diese Probleme überwanden, weil sie als autochthone Christinnen schon lange zusammen Weltgebetstag vorbereiten und feiern,[237] ist herauszuheben, insbesondere, da eine ungemeine Vielfalt an Kirchen im sogenannten Heiligen Land präsent ist. Aber auch der schwierige politische Kontext des Nahostkonflikts prägte die Frage, wie man als palästinensische Christin der Botschaft und den eigenen Erfahrungen treu bleibt.

Die intensive Auseinandersetzung mit der Geschichte des Konflikts, mit den eigenen Verwicklungen darin, mit den Traumata, mit der differenziert wahrzunehmenden politischen Situation, mit der Lage der Christinnen und mit ihrer Klage und Anklage war ein herausragendes Beispiel dafür, wie tief dieses informierte Beten führen kann. Persönliche Begegnungen und zahlreiche Reisen vertieften das „Sehen – Gehen – Handeln“. In der Gottesdienstordnung beteten die Palästinenserinnen Verse aus dem Psalm 142, einem Klagepsalm, und fanden sich auf der Via dolorosa wieder. Gerade darum gab es hierzulande eine zum Teil erbitterte Diskussion insbesondere in den evangelischen Kirchen.[238] Dürfen palästinensische Menschen jüdische Klagepsalmen beten? Und dürfen *deutsche* Christinnen hier mitbeten? Solidarität, die nicht nur für andere, sondern *mit* anderen Frauen sich ihr Gebet zu eigen macht, ist also nicht billig, sondern erfordert, Kenntnis zu erwerben und Bereitschaft zur religiösen und politischen Selbstreflexion und Positionierung.

3.2 Bernhard Lichtenberg

Die biblische Prophetie ist in sich sehr vielfältig und nicht unter einen Hut zu bringen.[239] Doch ein doppelter „roter Faden“ ist erkennbar: Amos führt jene sozialkritische Prophetie an, in der es um die Eindeutigkeit der Gottesbeziehung im Bereich solidarischer Menschenbeziehung geht. Aber es gibt auch eine Prophetie im Bereich der Gottesbeziehung selbst, nämlich in der Unterscheidung einer für die Menschen aufbauenden oder für die Menschen zerstörerischen Gottesbeziehung: Dafür steht vor allem Hoseas Botschaft von einem Gott, der auch dann seinem Volk gegenüber die Liebe nicht aufkündigt, wenn dieses Volk seine Liebe mit Füßen tritt (vgl. Hos 11). Beide Prophetien begegnen in der Bibel, und beide benötigen sich gegenseitig. Denn vor allem vorbehaltlos geliebte Menschen können auch selbst lieben und ihr Leben teilen.

Am Beispiel vom Berliner Domprobst Bernhard Lichtenberg (1875–1943) möchte ich darstellen, wie in einer akuten und riskanten humanitären Herausforderung eine äußerlich so unpolitische innerkirchliche Wirklichkeit wie ein Gottesdienst der Kraftort für entgrenzende Solidarisierung werden kann. In dieser Verbindung von Gebet und Solidarität kann die Frage verfolgt werden, woher solche Menschen in der schlimmsten Situation einer bis zum äußersten gewalttätigen Herrschaft die Kraft bekommen haben, sich derart einzusetzen, sich in Gefahr zu bringen und Schlimmes auszuhalten.

Lichtenberg wurde wegen Volksverhetzung und Kanzelmissbrauch im Herbst 1941 verurteilt. Er war den Machthabern der Nazidiktatur schon lange ein Dorn im Auge mit seinen eigenwilligen und unbelehrbaren Kanzelverkündigungen. Und das tat er als Pfarrer und Domprobst an der St.-Hedwigs-Kathedrale in Berlin ca. einen Kilometer von der Reichskanzlei entfernt.

Schon als Kurat und Kaplan in den Pfarreien, in denen er vor seiner Berliner Zeit war, war ihm von Anfang an ein bestimmtes Gebet besonders wichtig, nämlich das Gebet für Menschen, die in Not, Ungerechtigkeit und Leid geraten sind. In solchem Fürbittgebet lernt Lichtenberg, worauf es im Ernstfall ankommt, und von der Gebetsbeziehung mit dem Gekreuzigten her weiß er zudem, worauf er sich dabei einlässt und woher ihm die Kraft dazu zukommt. Denn er betet derart nicht nur privat, sondern in der gottesdienstlichen Öffentlichkeit der Kirche. Dieses Fürbittgebet für Notleidende kommt bei ihm aus einer Christusbeziehung, in der er beides erlebt: dass Jesus mit ihm geht und dass Jesus dies als Anwalt der Leidenden und Verfolgten tut. Im Gebet und damit in der ausgesprochenen Beziehung zu Gott entdeckt er, dass die Liebe Gottes nicht nur ihm oder den Gläubigen exklusiv gilt, sondern dass Gott alle Menschen liebt und dass deshalb aus seiner Perspektive alle Menschen in gleichstufiger Weise wichtig sind und ein Recht auf ein gerechtes und menschenwürdiges Leben haben. Aus dieser Spiritualität heraus sind für ihn die allgemeine Menschenwürde und der Kampf gegen jede Art von Ungerechtigkeit eine zutiefst christliche Angelegenheit. Das Gebet wird zur Kraftquelle, sich in diesem Kampf zu verausgaben.

Als am 9. November 1938 die Synagogen in Flammen aufgehen, jüdische Geschäfte geplündert und die Juden misshandelt und verhaftet werden, betet Lichtenberg beim nächsten Abendgebet in St. Hedwig: „Was gestern war, wissen wir. Was morgen ist, wissen wir nicht. Aber was heute geschehen ist, haben wir erlebt: Draußen brennt die Synagoge. Das ist auch ein Gotteshaus!“ Von nun an wird er im täglichen Abendgebet genauso täglich in der Öffentlichkeit seiner Gemeinde das Fürbittgebet beten: „Für die schwerbedrängten ‚nichtarischen Christen‘, für die verfolgten Juden, für die Gefangenen in den Konzentrationslagern ..." Und auch: „... für die kämpfenden, verwundeten und sterbenden Soldaten hüben und drüben, für die bombardierten Städte in Freundes- und Feindesland."[240] Damit durchbricht er jede Art von damals aufgezwungener „political correctness".

Indem Lichtenberg in seinen Fürbitten und Predigten die individuellen Schicksale auf allen Seiten offenlegt, bringt er das totalitäre System in Turbulenz, das ja darauf angelegt ist, Menschen in Blöcke einzuteilen und zwischen diesen Blöcken auch die Wahrnehmung der individuellen Schicksale zu regulieren, besonders im Nichtsehen des unermesslichen Leidens der feindlichen und der Vernichtung preisgegebenen Menschenblöcke.

Lichtenberg wird in der Tat nicht wegen seines Glaubens zu Tode gebracht, sondern weil er den Glauben ganz konsequent mit dem tätigen Einsatz für Gerechtigkeit und Menschenwürde verbindet, und zwar als Repräsentant der Kirche im Raum des Domes selbst und im Namen der Kirche. Zwar steht dahinter sein Glaube, der ihm Unterscheidungsfähigkeit und Kraft gibt, doch wäre er allein wegen des Glaubens nicht zum Märtyrer geworden. Wer damals im Privaten geglaubt, ansonsten nichts oder nicht viel gegen die Unmenschlichkeit des Naziregimes getan hat, hatte wohl keine oder bedeutend weniger Probleme.[241] Genau diese Versuchung kommt in der Gestalt des Bischofs von Berlin, Graf von Preysing, vierzehn Tage vor Ablauf seiner Gefängnishaft auf ihn zu: Der Bischof will Lichtenberg helfen und rät ihm, sich einem Schweigegebot zu unterwerfen und nicht mehr zu predigen oder in dieser Weise öffentlich zu beten, er will ihn also aus dieser politischen Konfrontation herausnehmen. Lichtenberg lässt sich darauf nicht ein und antwortet mit seiner Bereitschaft, noch heute, in dieser Stunde, zu sterben.

Hier wird Lichtenberg dem, dem er nachfolgt, sehr ähnlich, denn auch Jesus ist, genau gesehen, nicht wegen seines Glaubens gekreuzigt worden, sondern wegen der Praxis, die er mit dem Glauben seiner Väter verbunden hat: in seiner Glaubenspraxis einem liebenden Vater gegenüber, in seinen Worten gegen die Verwendung Gottes zur Unterdrückung der Menschen und in seinen Taten gegen jede Art von Ausgrenzung, Ungerechtigkeit und Menschenverachtung. Jesus selbst hat sich nicht gescheut, sich in diese politisch hochbrisante Auseinandersetzung hineinzubegeben.

In dieser praktischen Caritas hat sich Lichtenberg über Jahre hinweg für jüdische Bürger und Bürgerinnen eingesetzt, indem er ihnen half und sie so weit wie möglich schützte. Genau dieses Verstecken der Gefährdeten führte dazu, dass er sich selbst nicht in der Kirche versteckte, sondern sie als einen Raum verstand, wo man sich gerade nicht heraushalten kann, sondern wo von der Wahrheit, Gerechtigkeit und Barmherzigkeit Gottes in diesem Kontext politisch höchst anstößig die Rede ist. Indem uns Lichtenberg als Glaubenszeuge im Zeugnis unteilbarer Caritas und des entsprechenden politischen Engagements begegnet, öffnet er auch in einer neuen Weise den Blick für die prophetische Verantwortung der Kirche und nicht zuletzt auch für eines der großen Anliegen des Zweiten Vatikanums, nämlich dass in der Kirche Glaube und Liebe, Verkündigung und Gerechtigkeit, Gottesbezug und Engagement untrennbar zusammengehören. Genau dies war auch das kirchenkritische Anliegen Alfred Delps: dass die Kirche nicht für sich da sei, sondern für die anderen, auch die ganz anderen!

Am 5. November 1943 ist Lichtenberg im von Diakonissen geleiteten städtischen Krankenhaus von Hof gestorben. Mit seinem Tod hat er den Plan der Gestapo, die ihn nach einer zweijährigen Haftstrafe vom Gefängnis Tegel nach Dachau bringen wollte, einen Strich durch die Rechnung gemacht. Als er am 16. November 1943 auf dem Berliner St.-Hedwigs-Friedhof beigesetzt wurde, kamen trotz vorangegangener und drohender Luftangriffe etwa 5000 Gläubige, um von ihm Abschied zu nehmen. Nicht nur angesichts dieses Todes, sondern auch angesichts ihrer eigenen Todesnähe sangen sie am Ende das Lied „Triumph, der Tod ist überwunden!“

3.3 Madeleine Delbrêl

In ihrem sozialen Einsatz für ein menschenwürdiges Leben der meist kommunistischen Arbeiterschaft in Ivry nahe Paris steht Madeleine Delbrêl (1904–1964) vor einer doppelten Herausforderung: einmal des sozialen Engagements und der damit verbundenen notwendigen Kooperation mit nichtgläubigen Menschen, zum andern vor der Aufgabe, den eigenen Glauben nicht im Sozialen aufgehen zu lassen, sondern als eine eigene Wirklichkeit zu bezeugen, bis hin zur Einsamkeit des Glaubens *in* unbedingter Solidarität mit Menschen in sozialen und ökonomischen Nöten.

Delbrêl kommt 1939 nach Ivry und wird dort mehr als 30 Jahre mit ihrer Gemeinschaft wirken. Die Begegnung mit dem Kommunismus spornt sie nicht nur zum entsprechenden sozialen Engagement an, sondern auch dazu, den Eigenwert der Existenz Gottes um seiner selbst willen nicht aus dem Blick zu verlieren. Ohne den Humanismus zu schmälern, setzt sie sich dafür ein, die apostolische Sendung nicht nur nach innen den Mitgläubigen gegenüber zu bezeugen, sondern auch nach außen, und nach außen nicht der konfliktverhindernden Versuchung zu erliegen, diese Sendung im Humanismus aufgehen zu lassen. Dieses Glaubensmotiv lebt und bedenkt sie besonders im Horizont der „Verherrlichung Gottes"[242].

Angesichts einer Umgebung, in der Gott für tot erklärt wird, ist es die nicht nur sozialpolitische, sondern auch bekenntnisorientierte Verantwortung des Apostolats, Gott als lebendigen Gott zu bekennen und anzubeten in einer engen Verbindung von sozialem Engagement und der Ehre Gottes. Gerade in der Gottesverachtung der Marxisten, in diesem zum Glauben ganz anderen Ort, findet sie die vorzügliche Stelle, Gott um seiner selbst willen zu bezeugen. Wie Gott selbst hat auch dieses Bezeugen seinen Selbstwert, auch ohne Erfolg von Bekehrungen. Denn Gott allein ist es, der den Glauben schenkt. Aus dieser Verherrlichung Gottes heraus, die zugleich ein unendliches Geliebtsein von Gott her ins Bewusstsein hebt, kann der Mensch gar nicht anders, als sich in die Solidarität mit den Menschen hineinzubegeben. Letztere ist dann nicht mehr allein Gegenstand eines ethischen Sollens, sondern Auswirkung des unverfügbaren Gottesgeschenks.

Entscheidend ist die Frage, ob der Glaube die über den eigenen Horizont hinausgehende Weite Gottes, also Gott als Gott, ernst nimmt. Damit sich in seine Vermittlung nicht ein menschliches Interesse hineinblockiert, das diesen Glauben und damit Gott selbst für etwas anderes als Gott selbst verdinglicht und vernutzt. Madeleine Delbrêl, sieben Jahre nach dem Tod der hl. Therese geboren, hat dies folgendermaßen formuliert: „weil wir Gott nicht ‚über alles' lieben, sondern ‚irgendwie noch dazu', und weil

‚unsere Herzen, unsere Seele, unser Gemüt und unsere Kräfte' vieles an sich saugen, was nicht Gott ist, was nicht für Gott da ist. Weil die Liebe, die wir als selbstlos bezeichneten, oft nur menschliches Interesse war, Gewähr für unser menschliches Glück, somit die Ehre Gottes im Dienst unseres Glücks stand. Unter diesen Bedingungen können wir nicht behaupten, dass Gott Gott ist, und erwarten, dass man uns aufs Wort glaubt."[243] Oder nochmals in die gleiche Richtung: „Wir verteidigen Gott als unser Eigentum; wir verkünden ihn nicht als das Leben allen Lebens, als den unmittelbaren Nächsten all dessen, was lebt. Wir teilen nicht die ewige Neuigkeit Gottes mit, sondern sind Polemiker, die eine Lebensanschauung verteidigen, die überdauern soll."[244]

So macht Madeleine Delbrêl das „Mehr" Gottes „nicht in einem ‚Mehr' an Selbstgewissheit der Gläubigen fest – im Gegenteil, sie charakterisiert den Abgrund des Gottesgeheimnisses als in Wahrheit viel undurchschaubarer: ohne sichtbaren und sicheren Boden, unfassbar, ja ‚grenzenlos' im Unterschied zur Abschätzbarkeit eines Lebens der Gottesleugnung! Ein Leben aus dem Glauben beinhaltet, sich diesen Abgründen permanent zu stellen. Madeleine Delbrêl entlarvt die Illusion, Christen stünden auf dem sicheren Boden des Glaubens, von dem aus sie beruhigt auf die Haltlosigkeit einer atheistischen Lebenswahl blicken könnten."[245] Nochmals mit Madeleine Delbrêl: „Aber damit der Glaube vernommen, seine Botschaft verstanden werde, müssten diejenigen, die ihn verkünden, zusehen, von der Welt durch nichts anderes getrennt zu sein als durch ihren Glauben; auf dass sie den Menschen dieser Welt wie Blutsbrüder und Schicksalsgefährten verbunden sein wollen; auf dass sie Fremdlinge aufgrund ihres Glaubens, nicht aber aus Gründen, die in ihnen selbst liegen, sind."[246]

Madeleine Delbrêl spricht von einem Apostolat, „das nichts unversucht lässt, um durch restlos mit Gott verbundene Menschen andere Menschen, die gottlos sein und bleiben wollen, an Gott zu binden"[247]. Zugleich gilt die Einsicht: „Zwar können wir ihnen den Glauben nicht geben, können aber uns selbst geben."[248] Es geht um jene Stellvertretung, wie sie eine der Heiligenstädter Schwestern im Projekt „Manege" für Jugendliche in Berlin-Marzahn von einem im Sterben liegenden jungen Menschen erzählt, der zur Schwester sagte: „Du hast Gott, zu dem du betest. Er soll mich gut aufnehmen, wenn ich sterbe."

Für Madeleine Delbrêl ist der Glaube nicht heilsnotwendig, aber lebensbereichernd, in ihm erfährt sich der gläubige Mensch vom Tod zum Leben beschenkt bis dahin, dass es ein Glück ist, mit einem solchen Glauben leben zu dürfen. Wer sich so von Gott lieben lässt, kann lieben, um zu lieben, kann lieben ohne Beisatz. Darin besteht die Gratuität, die Geschenktheit menschlichen Lebens im Horizont des Glaubens.

Dabei geht es nicht darum, anderen Religionen und Gläubigen eine christliche Identität zu unterstellen, sondern es geht darum, Gott nach innen und nach außen als unerschöpfliche Liebe und Freiheit zu verkünden, so sehr, dass die Freiheit der anderen, anders zu sein und zu glauben oder nicht zu glauben, von dieser Liebe völlig nicht-integralistisch und unbegrenzt und bedingungslos und ohne Wenn-dann (also nicht vereinnahmend) „umfangen" ist, wobei das Wort „umfangen" auch wieder falsch ist, denn es suggeriert eine Grenze zwischen Umfangenem und Nichtumfangenem, die es bei Gott nicht gibt.

Gibt es ein Wort, das beides ausdrückt, das Umfangensein und die Unbegrenztheit des Umfangenseins?

Simone Weil schenkt uns hier eine beglückende Einsicht: „Eine der kostbarsten Freuden der irdischen Liebe, dem Geliebten zu dienen, ohne dass er davon weiß, ist im Falle der Liebe Gottes nur durch den Atheismus möglich.“[249] Und diese Liebe wird von nichtgläubigen Menschen auf ihre Weise gespürt, in der Erfahrung absichtsloser Liebe zwischen den Menschen und in der Erhabenheit mancher Welterfahrung. Wo sich der Glaube ereignet, ist er Ausdruck dieser universalen Wirkung, die auch ohne ihn stattfindet. Wie nach Karl Rahner die sakramentale und verkündende Sprache der Kirche die Ausdrücklichkeit dessen darstellt und ins Bewusstsein hebt, was überall der Fall ist und der Fall sein kann: „Wohl habe ich Israel aus Ägypten herausgeführt, aber ebenso die Philister aus Kaftor und die Aramäer aus Kir“ (Amos 9,7).

3.4 Rudolf Lunkenbein

In folgendem Beispiel wird deutlich, wie künftig christliche Mission aussieht, nachdem sie im letzten Jahrtausend zu oft auf gewalttätigem Sieg und flächendeckende Eroberung der Welt aus war und trotz des vielen unschätzbar Guten, was sie auch geschaffen hat und was nicht geleugnet werden darf, doch immer in der Versuchung war und ihr allzu oft erlag, die andersdenkenden und -glaubenden Menschen und Völker nur dann zu achten, wenn sie sich in die eigenen Bereiche integriert und mehr oder weniger ihre bisherige Identität aufgegeben haben. Die *vorgängige* Achtung *aller* Menschen als „Kinder Gottes“ im Horizont der universalen Gnade Gottes war wohl eine Rarität ganz bestimmter Personen und Gemeinschaften.

An diesem Beispiel wird auch klar werden, wie ein Mensch den qualitativen Sprung von der einen Strategie der Missionierung christlichen Glaubens in den anderen Modus seiner Vermittlung schafft bzw. sich dazu bewegen lässt. Damit kommt biographisch zum Ausdruck, was der Christentumsgeschichte bevorsteht. Stößt das Christentum nicht zu dieser Qualität und damit zu einer Radikalisierung seiner Identität vor, dann hat es die Zeichen der Zeit und der Geschichte endgültig nicht erkannt und sie wird zu einer jener religiösen Sekten und Vereine verkommen, die ihr hauptsächliches Ziel in der Mitgliederwerbung sehen, und zwar mit allen möglichen Mitteln, um den eigenen Verein aufrechtzuerhalten.

Ich erzähle die Geschichte von Pater Rudolf Lunkenbein. Er stammt aus Döringstadt bei Bamberg, geboren 1939, studiert nach der Gymnasialzeit Philosophie in São Vincente (Brasilien) und legt in Campo Grande 1965 die ewigen Gelübde ab. Sein Theologiestudium absolviert er in Benediktbeuern und wird dort 1969 zum Priester geweiht. Rudolf Lunkenbein will Missionar werden.

1970 ist der Salesianerpater in Merúri bei den Bororo-Indios im Amazonasgebiet des Mato Grosso. Er hat den Auftrag, diesem Stamm das Evangelium zu verkünden. Schon bald merkt er aber: Der ganze Stamm ist vom Aussterben bedroht. Und dies ist kein Naturereignis, sondern ein von Menschen verschuldetes Geschehen. Dahinter steht die Auseinandersetzung mit den weißen Großgrundbesitzern und Siedlern, die immer weiter in das Gebiet der Indios eingedrungen sind und kurz davor stehen, alles unter sich zu verteilen. Weil die Indios in dieser Auseinandersetzung immer mehr ihre Lebensgrundlage, den Regenwald, verloren haben, haben sie resigniert. Ab Mitte der sechziger Jahre bauen sie keine neuen Hütten mehr; auch haben sie damit aufgehört, ihre eigene Sprache zu pflegen. Die Frauen trinken die empfängnisverhütende Kraft einer Waldpflanze. Sechs Jahre lang kommen keine Kinder mehr zur Welt. Der ganze Stamm hat sich zum Sterben gelegt.

In diese Situation hinein also kommt Pater Lunkenbein. Aber wie soll man die Botschaft von einem lebendigen Gott Menschen sagen, denen das Leben von außen nicht mehr gegönnt wird und die selbst von innen her nicht mehr aufleben können, denen der Tod gewünscht wird und die selbst den Tod suchen? In dieser Situation merkt der Pater sehr schnell: Man kann nicht von der Botschaft des Lebens reden, wenn nicht gleichzeitig Lebensmöglichkeiten aufgebaut werden. Man kann nicht von Gottes Erlösung sprechen, wenn nicht gleichzeitig von der Befreiung von Ungerechtigkeit und von den Todesgrenzen die Rede ist. So schreibt er: „Zunächst einmal gilt es, diesen Menschen auf den Weg zurück ins Leben zu helfen ...; ihnen klarzumachen, was in ihnen steckt, welche Kräfte sie einfach brachliegen ließen. Welch großartige Traditionen sie einfach verkommen ließen. Ich habe mich für sie eingesetzt, ihre Rechte für sie verteidigt."[250]

Vor diesem Hintergrund versteht man, wie glücklich Pater Lunkenbein über die erste Taufe bei den Bororo-Indios ist, nicht nur, weil hier wieder gefeiert wird, dass Kinder in die Gnade Gottes hineingeboren werden, sondern weil sie überhaupt geboren werden. Mit Pater Lunkenbein wachsen bei den Indios wieder Selbstvertrauen, Lebensmut und Hoffnung. In diese Erfahrung hinein kann dann auch das Evangelium Platz greifen: das Vertrauen auf einen Gott des Lebens, der mit Barmherzigkeit und Gerechtigkeit kommt. Denn gerade so ist ihnen der Pater begegnet. Das Vertrauen in das Leben, das Pater Lunkenbein den Indios wieder vermitteln kann, wird zur Basis des Gottvertrauens. Als der indianische Freund Simao am 15. Juli 1976 zusammen mit Lunkenbein im Hof der Missionsstation ermordet wird, sagt er im Sterben zu seinem Volk: Habt Vertrauen, vertraut auf Gott![251] Selbst im Tode noch erweist sich dieses Vertrauen als tragfähig, so tragfähig, dass es als Vermächtnis für die Lebenden formuliert wird.

Die Siedler waren erbost über das Wiederaufleben des erledigt geglaubten Stammes und wollten Rache dafür, dass mit Hilfe von Rudolf Lunkenbein eine Landvermessung zugunsten der Indios stattfand. Denn sie brachte das Ergebnis, dass die Siedler gezwungen waren, das Land den Indios wieder zurückzugeben, das ihnen von Rechts wegen zustand. In tiefer Trauer schmückten die Indios den toten Pater mit ihrem Häuptlingsschmuck. Er war wirklich einer von ihnen geworden, und so trauerten sie auch um einen von ihnen.

Im Sinne des Apostels Paulus war Lunkenbein den Indios ein Indio geworden (vgl. 1 Kor 9,19–22). So wurde er zum Märtyrer der Praxis und der Theologie der Befreiung, der es bekanntlich darum geht, Gottes Gerechtigkeit mit der Gerechtigkeit unter den Menschen in Verbindung zu bringen. Er ist nicht der letzte Märtyrer geblieben, und er war auch nicht der erste. Aber er sei für diese alle hier in Erinnerung gebracht. Vor allem steht er auch für die vielen Katecheten und vor allem Katechetinnen im Amazonasgebiet, die mit ähnlichem Mut Mut zusprechen und für diesen Mut einstehen.

Pater Lunkenbein wollte Missionar werden, zunächst im alten Sinn des Wortes, nämlich den Menschen das Evangelium zu verkünden. Dort aber kam er in eine Situation, die zunächst ein ganz anderes Zeugnis der Mission verlangte, nämlich erst einmal das Leben zu bringen im Kampf für das Leben und Überleben dieser Menschen. Dieser Zusammenhang entwickelte seine eigene Dynamik. Irgendwann einmal wusste er wohl um die Alternative: Lasse ich mich weiter hineinziehen oder steige ich aus? Er hätte aussteigen können, zumal es auch Stimmen in seinem Umkreis gab, die hier eher eine gewisse Neutralität und Nichteinmischung vorzogen, die also Mission im alten engeren Sinne der religiösen Glaubensvermittlung verstanden, die sich nicht allzu sehr in die Konflikte der Welt hineinbegibt.

Irgendwann einmal entschied sich Lunkenbein, zu bleiben und standzuhalten. Nicht, weil er sich einmischen *wollte*, sondern weil er sich gerade als Christ und Priester in diese Auseinandersetzung um Leben und Tod hineingezogen sah. Er hat das Martyrium nicht gesucht, wurde aber in der genannten Weise von Situation und Mensch hineinverwickelt. Gegen diese Beanspruchung hat er letztlich keine Gegenentscheidung gesetzt. Er ist geblieben, er ist mit den Betroffenen mitgegangen, er hat mit ihnen die Situation ausgehalten und damit riskiert, um der Opfer willen selbst Opfer zu werden. Ganz anders als nicht wenige seiner Vorgänger in den Jahrhunderten zuvor bedroht Lunkenbein nicht das Leben der indigenen Völker, damit sie sich zum Glauben bekehren, sondern er schützt und schätzt ihr Leben, damit sie in einer solchen Begegnung an einen Gott zu glauben vermögen, der auch ihr Leben und Überleben will. So sagt er: „Denn im Einsatz für das

Leben wird Gottes Liebe und Lebenswille bei den Indianern sichtbar."[252] Deutlich genug erkennt Lunkenbein: Mission ist keine Mitgliederwerbung, sondern Teilnahmegeschehen.

In Pater Lunkenbein sehe ich ein Vor-Bild für jenen Prozess, in dem sich Glaubensverkündigung und Solidarisierung gegenseitig radikalisieren: insofern allen Menschen die heilsverheißende Botschaft des Evangeliums in der Form mitmenschlicher Solidarität zugesprochen und zugehandelt wird. Die Hingabe an Gott (als Vertrauen auf seine Lebens-, Gerechtigkeits- und Versöhnungsmacht in der Geschichte, über diese Geschichte und über den Tod hinaus) vertieft die Hingabe zugunsten der Menschen und umgekehrt. Beides zusammen ergibt die Zeugenschaft für das Evangelium in den Geschichten und in der Geschichte. Die Verkündigung des Glaubens spricht dann diesseitig glaubwürdig von einem Gott, der das Heil aller will, bereits jetzt so weit wie möglich im Diesseits und endgültig im Jenseits der Geschichte.

Was hat Rudolf Lunkenbein mit uns zu tun? Sicher nicht so dramatisch auf Leben und Tod, aber doch „in kleiner Münze" gibt es diese Zusammenhänge auch in unserem Leben. Und erst in kleiner Münze werden sie zu entdecken und zu leben sein, damit wir für die große Münze vielleicht einmal bereit sein können. Nicht davonlaufen, wo man bleiben sollte aus Treue und Verantwortung, wo man etwas mit durchtragen sollte. Nicht davonlaufen, wenn es um eines anderen Menschen willen etwas mit auszuhalten gibt, auch wenn es weh tut, z. B. in einem nicht nur kurzen, sondern längeren Besuch am Krankenbett, in der Krise einer Beziehung oder Freundschaft, im Einsatz für Gerechtigkeit in einem Betrieb ... Jeder und jede wird wohl in seinem/ihrem eigenen Leben entsprechende Situationen und Herausforderungen suchen und finden können. Darauf ist die Erinnerung an Pater Lunkenbein zu beziehen, denn mit ihm spüren auch wir den Mut, etwas kompromissloser als bisher Positionen zu beziehen, wirksam und öffentlich, wo es um die Ehre Gottes und die Würde der Menschen geht, zunehmend in christlicher Zivilcourage auch dann, wenn man dafür keinen Beifall bekommt, wenn es etwas kostet, wenn es Nachteile bringt. Deshalb ist es gut, dass für Pater Lunkenbein und Simao Bororo im Mai 2016, also knapp vierzig Jahre nach deren Tod, formal der Seligsprechungsprozess in Rom eingeleitet wurde. Damit ihr Gedächtnis die Zukunft der Kirchen und der Gläubigen inhaltlich zu prägen und mitzubestimmen vermag.

Mut und Demut

1. Demut der Werke

1.1 Kein Selbstruhm durch die Werke

Luthers Ausgliederung der Werke aus dem Bedingungsbereich der Gnade ist von bleibender spiritueller Bedeutung. Wenn Karl Rahner fragt: „Wie kann das Unbegreifliche und Namenlose der Sinn sein, den *wir* haben?“[253], so ist für die Werke die gleiche Frage fällig: Wie kann das Unbegreifliche und Namenlose die Tat sein, die *wir* tun? Ist ihre Eindeutigkeit nach Mt 25 („Ich war krank und ihr habt mich besucht!“) eine Gabe der Offenbarung und ist ihr Tun eine Gabe der Gnade selbst, so wird diese Gabe nur in jener Hingabe wirksam, die diese Gabe in die Letztzuständigkeit Gottes selbst abgibt. Das Handeln öffnet sich dem endgültigen Urteil Gottes, selbst dann noch, wenn es Mt 25 nahekommt. Letztlich geht es dabei um die Gnade, das „adoro te devote, latens Deitas“ (ich bete dich an, verborgene Gottheit) zu beten in Ehrfurcht und Gottesfurcht.[254]

Luther ist darin ernst zu nehmen, dass man nicht der Versuchung erliegt, als hätte man über eine entsprechende Praxis mehr Zugriff auf das Geheimnis gewonnen als über das Nachdenken und das Besprechen des Glaubens. In beiden Bereichen ist uns nie das Letzte, sondern nur das Vorletzte gegeben, und wir *wissen* nicht, was dies letztlich vom Geheimnis Gottes her bedeutet.[255] Die endzeitliche Bewahrheitung steht in jedem Fall aus. Allenfalls dürfen wir hoffen, dass die Richtung stimmt.

Diese zu lernende „reductio in mysterium"[256], die Rückführung in das Geheimnis Gottes hinein, gilt in jedem Fall, denn ob jemand den Willen Gottes getan oder die Wahrheit Gottes gesagt hat, bleibt dem Urteil Gottes selbst überlassen. Der christliche Glaube glaubt nur von *einem* Menschen, dass er den Willen Gottes getan habe, wofür ihn Gott selbst seinen Sohn genannt (vgl. Mk 1,11) und was Gott in der Auferweckung Jesu bestätigt hat. Doch ist dies zu sagen selbst wiederum eine „Gewissheit" im Glauben selbst, der seinen Wirklichkeits- und Wahrheitsgehalt immer und überall und am Ende im Tod endgültig an den „ursprungslosen Ursprung" Gottes selbst abzugeben hat.[257]

Dass sich dieser Zusammenhang nicht nur auf das Wort des Glaubens, sondern auch auf die Taten bezieht, ist deswegen so wichtig, weil über den Fundamentalismus der Worte hinaus der Fundamentalismus der Taten genauso schlimm sein kann. Nicht selten ist auch in den Kirchen die Mentalität zu spüren: Es ist ja nicht so wichtig, was man glaubt, es ist auch nicht so wichtig, was man theologisch denkt (darauf würde Gott nicht schauen), sondern es ist wichtig, was man tut: Wenn man das Richtige tut, dann kann man sich sicher sein, „tatsächlich" Gottes Willen getan zu haben. Das Engagement dafür, dass sich christliche Wahrheit nicht nur im Wort, sondern auch in der Tat ereignet, ist zwar zu unterstreichen, aber nicht so, als hätte man damit einen schuldfreien Raum und gegenüber Gott eine sichere Position erreicht.

Die christliche Sicht des Geheimnisses Gottes blockiert nicht nur jede Wort- und Symbolmagie, sondern auch jede Art von Tatmagie. Denn die „Ein-Drücke" des Unendlichen in das Endliche hinein werden darin nicht unendlich, sondern sind begrenzt und verwundbar. Gerade wer mit der Wirklichkeit Gottes in dieser Welt „rechnet“, *rechnet* nicht damit. Einen diesbezüglichen Empirismus kann es nicht geben.

Rahner plädiert für eine selige Nutzlosigkeit der Liebe zu Gott, die „insofern ja absolut ‚nutzlos‘ ist, weil sie ja gar nicht sie selber wäre, wenn der Mensch darin seinen eigenen Nutzen, seine Selbstbehauptung, seine eigene Vollendung suchen würde.“ – Und ich würde hinzufügen, auch seine eigene Vollendung in der Ethik.[258] Dies hindert nicht die Tat, sondern setzt sie umso mehr frei, denn „wenn die Sorge der Liebe um sich selbst nochmals überholt und relativiert ist durch die Liebe zu Gott selbst, wenn diese Liebe Gott liebt und sich nicht um sich selber sorgt ...“, dann liegt darin die Gnade für eine Solidarität, die weit über den Eigennutz hinausgeht und für das entsprechende Zeugnis offen ist.

Wenn wir unsere Praxis derart auf die Unendlichkeit des Geheimnisses Gottes hin öffnen, dann führen wir damit auch eine eminent religionskritische Rede, denn der Fundamentalismus der Taten ist noch fataler als der Fundamentalismus der Worte (siehe oben Kap. Erinnerungsfest der Gnade 3.4). Die Christentumsgeschichte hat hierin eine beträchtliche Schuldgeschichte aufzuweisen: Mit schlimmsten Taten war man sich im Glauben sicher, den Willen Gottes getan zu haben und dafür auch die himmlische Belohnung zu bekommen, je hingabefähiger, desto sicherer! Wenn wir heute in einer fundamentalistischen Minderheit des Islam erleben, dass sich Menschen bis zur Hingabe im Tod zugunsten der Vernichtung anderer „aufopfern“ und gleichzeitig genau „wissen“, dass sie damit in das Paradies kommen, dann werden darin nicht nur Menschen zerstört, sondern auch Gott wird in dieser Wenn-dann-Kategorie um sein Geheimnis gebracht. Er mutiert zum Götzen, zum Handlanger schlimmster Taten.

Dabei brauchen wir überhaupt keine sichere Position in Gott zu erreichen: Sie ist uns längst geschenkt. Und wer sie herstellen will, ist immer schon dabei, die eigene Position gegenüber den anderen zu verabsolutieren und diese dadurch auszugrenzen. Natürlich braucht es Grenzziehungen, zum Beispiel zwischen der Wahrheit des Evangeliums, dass alle Menschen unbedingt von Gott geliebt sind, und dem Widerspruch dazu, dass Gott sie nur bedingt liebt, denn Letzteres wäre nicht wahr. Aber der Inhalt dieser Wahrheit liegt gerade darin, dass in der Tiefe des Geheimnisses Gottes niemand aus der Wirklichkeit, die diese Wahrheit behauptet, ausgegrenzt werden kann, weil wir diesem Geheimnis gegenüber nichts verrechnen können.

1.2 Bonhoeffer und Becket

Selbst mit dem Gütesiegel der Selbsthingabe in der eigenen Wahrheitsbehauptung kann die eigene Wahrheit (was die Beziehung zu Gott anbelangt) nicht linear behauptet werden. Dietrich Bonhoeffer mag hier für diese Grunderfahrung stehen. Im Sommer 1939 befindet er sich in New York. Alles ist dafür bereitet, dass er bleiben kann. Er hat gute Freunde dort und auch gute Möglichkeiten zu arbeiten. Es scheint alles klar zu sein. Als er sich entschließt, New York zu verlassen und wieder in das Nazideutschland zurückzukehren, und dabei sehr wohl im Blick hat, was das für ihn bedeuten kann, schreibt er am 20. Juli 1939 in sein Tagebuch, dass Gott allein es weiß, ob dies richtig sei: „Für mich bedeutet es wohl mehr, als ich im Augenblick zu übersehen vermag. Gott allein weiß es … Am Ende des Tages kann ich nur bitten, dass Gott ein gnadenvolles Gericht üben möge über diesen Tag und alle Entscheidungen. Es ist nun in seiner Hand."[259] Obgleich diese Entscheidung in ihrer Unausweichlichkeit und bis zum Äußersten gehenden Konsequenz vor ihm steht, verbindet er damit keine selbstsichere und selbstrühmerische Sicherheit. Dass dieser Weg für ihn notwendig ist, ist nicht zugleich die Sicherheit, dass dieser Weg tatsächlich in den Augen Gottes richtig sei. So gibt er am Ende alles, auch die Wahrheit seiner Berufung, in Gottes Hand. Er selbst beansprucht sie nicht, jedenfalls nicht als Letztes, sondern weiß sich im Raum des Vorletzten Gott gegenüber. Christliches „Martyrium" gibt es immer nur in endzeitlicher Relativität. Selbst die für die eigene Existenz fundamentalste Hingabe, nämlich die in den Tod, kann nicht zum Fundamentalismus gegenüber Gott berechtigen. Deshalb ist im christlichen Bereich jenen Tendenzen entgegenzustehen, die über den Tatbereich sicherere Aussagen über das eschatologische Verhalten Gottes einholen zu können meinen als über das Wort. Am Kreuz Jesu standen am Ende nicht göttliche Selbstsicherheit, sondern der Schrei des Erniedrigten, die Frage des Gottverlassenen und die Vergebungsbitte für die Täter.

Auch die Radikalität der eigenen Entscheidung übersteigt nicht die Grenze zwischen dem Vorletzten und dem Letzten, obgleich sie für die eigene Existenz das Letztmögliche bedeutet. Hier begegnet keine fanatische religiöse Sicherheit, die Gott in der eigenen Entscheidung festnagelt, sondern eine, die Gott auch darüber hinaus noch einmal Gott sein lässt. Weder durch verstandesmäßige noch durch religiöse Sicherheit bildet sich Bonhoeffer ein, sein Leben restlos und linear der Wahrheit Gottes zuordnen zu können. Nichts kann mit Gott verwechselt werden (was immer Götzendienst wäre), wenn Gott nur in dieser vorletztlichen Weise nahe (oder ferne) sein kann.[260]

Alfred Delp befindet sich nach der Verurteilung in einer ähnlichen Situation vor Gott: Zwischen der Hoffnung auf ein Wunder, das aber ausbleibt, und der Hingabe an den Herrgott: „Was will der Herrgott mit alledem? Ist es Erziehung zur ganzen Freiheit und vollen Hingabe? ... Was soll ich jetzt tun, ohne untreu zu werden? Soll ich weiter hoffen, trotz der Aussichtslosigkeit? Ist es Untreue, wenn ich davon ablasse? Soll ich mich ganz loslassen und die Abschiede vollziehen und mich ganz auf den Galgen einstellen? ... Ich kenne mich noch nicht recht aus und bete dauernd um Erleuchtung und Führung."[261]

Machen wir einen Sprung in eine andere Welt: In seinem Stück „Murder in the Chathedral", Mord im Dom, das Thomas S. Eliot für das Canterbury-Festival im Juni 1935 geschrieben hat, untersucht er die innere Struktur des christlichen Martyriums am Beispiel des Erzbischofs Thomas Becket, wie es sich im Dezember 1170 ereignet hat. Zu den Versuchern, die Becket vom Martyrium abhalten wollen, tritt ein unerwarteter „Tempter" (Versucher) hinzu, der in beeindruckender Präzision das vorhin angesprochene Grundproblem des Selbstruhms analysiert, wobei zugleich die normative Kernidee zum Vorschein kommt, die Eliot mit einer wahren martyrialen Haltung in Verbindung bringt: dass sich Thomas nicht zu einer Selbstaufopferung aus falschem Beweggrund versuchen lässt.[262] Das Überraschende ist dabei, dass dieser vierte Versucher Thomas nicht vom Martyrium abhalten will, sondern ihn auf diesem Weg mit einem ganz bestimmten Motivationsbündel bestärkt, nämlich mit den Motiven der

„spiritual power“ (spirituellen Macht), der „temporal glory“ (in der künftigen Verehrung als Heiliger) und der „eternal glory“ (in der ewigen Gegenwart bei Gott). Schnell stellt sich heraus, dass diese Motive zugleich die geheimsten Sehnsüchte des Erzbischofs treffen.

Eliot operiert hier die schlimmste Versuchung an die Oberfläche, weil sie die Selbstaufopferung dadurch gänzlich um ihren Wert bringt, ja sie zutiefst in sich selber konterkariert, dass sie sich im Kontext eines immensen spirituellen Stolzes ereignet, nämlich in ungebrochen linearer Weise an den Mächten der Ewigkeit, also Gottes selbst, teilzuhaben, ja diese den Menschen gegenüber im Griff zu haben. Eliot sammelt hier alle bestätigenden Signale absoluter Bewahrheitung des Martyriums, die es aber gerade um seine Wahrheit bringen: Es sind dies die Signale der spirituellen Macht über das ewige Leben oder den ewigen Tod der Menschen; die Sicherheit, sich zu erniedrigen, um im Himmel der Erste zu sein; der Reichtum himmlischer Ehre; der Ruhm eines neuen innergeschichtlichen Regimentes vom Heiligenschrein aus, mit Wundern und mit tausendfacher Anziehungskraft.

Thomas erschrickt zutiefst und weiß, dass er damit nicht nur seine Selbstaufopferung zerstört, sondern sich der Verdammung aussetzt, weil er damit Gott selbst die Ehre nimmt: „Who are you, tempting with my own desires? ... Others offered real goods, worthless / But real. You only offer / Dreams to damnation.“ (Wer bist du, der mich mit meinen eigenen Wünschen versucht? Andere haben mir reale Güter versprochen, wertlos, aber wirklich. Du allein bietest mir die Träume, die zur Verdammung führen.) Und er sucht nach einem Weg, der ihn nicht in die „damnation in pride“ (Verdammung im Stolz) führt.[263] Schließlich vermag er sich davon abzusetzen: „Now is my way clear, now is the meaning plain; / Temptation shall not come in this kind again. / The last temptation is the greatest treason: / To do the right deed for the wrong reason.“[264] (Jetzt ist mein Weg geklärt. Jetzt sehe ich klar. Die Versuchung wird mich nicht mehr in dieser Weise treffen. Die letzte Versuchung ist der schlimmste Verrat. Das Richtige aus falschen Beweggründen zu tun.) Schließlich erkennt er eine tiefe spirituelle Wahrheit, nämlich dass diejenigen, die sich einem größeren Ziel verschreiben, schnell in die Versuchung fallen können, das Ziel sich selbst dienen zu lassen: „For those who serve the greater cause may make the cause serve them …“[265] (Diejenigen, die der größeren Sache dienen, können leicht die Sache sich selbst dienen lassen.)

Zugleich verzichtet er auf innergeschichtlichen Nachruhm, indem er in den Blick bringt, dass diese Nachwelt seine Selbstaufopferung auch durchaus als sinnlose Selbstabschlachtung eines Verrückten oder als arrogante Passion eines Fanatikers einschätzen kann.[266] Mag die Nachwelt ihn derartig missverstehen, er selbst will nicht der Versuchung erliegen, dass seine Selbstaufopferung als „arrogant passion of a fanatic“ (arrogante Leidenschaft eines verrückten Fanatikers) verkommt. In seiner Abschiedspredigt erörtert und klärt der Erzbischof in programmatischer Weise das wahre christliche Martyrium: „the true martyr is he who has become the instrument of God, who has lost his will in the will of God, and who no longer desires anything for himself, not even the glory of being a martyr.“[267] (Ein wahrer Märtyrer wird zum Instrument Gottes und verliert den eigenen Willen in Gottes Willen, er wünscht nichts mehr für sich, nicht einmal die Glorie, ein Märtyrer zu sein.)

Auch die radikale Selbstaufopferung kann nicht im Anspruch des Selbstruhms und des Stolzes vor Gott hintreten. Sie fordert von Gott nichts ein, erhofft allerdings alles. Gott selbst behält das letzte Urteil über die letztmögliche Hingabe.[268] Seine Ehre darf auch nicht durch noch so radikale Selbsthingabe hintertrieben und hinterrücks um ihre göttliche Souveränität gebracht werden.[269] Jeder fundamentalistische Fanatismus zerstört die Ehre Gottes, anstatt ihr zu dienen.

2. Gnade der Sühne

2.1 Vergebung und Genugtuung

Die Menschen müssen sich keine Sorgen um die Gültigkeit der Vergebung im Bußgeschehen machen, sofern sie es nur empfangen wollen.[270] Und auch die Bußwerke sind nicht Bedingungen der Lossprechung in der Beichte, sondern gehören als Genugtuung zum Bußsakrament insofern, als damit die Sündenfolgen bearbeitet werden. Die Sündenvergebung selbst tangieren sie nicht. Letztere steht nicht unter der Bedingung, dass die Umkehr gelingt. Auch und gerade hier muss Luthers Rechtfertigungstheologie radikal ernst genommen werden.

Zwischen Vergebung und Wiedergutmachung gibt es einen Raum grundloser Zweckfreiheit der vergebenden Liebe, um darin alle Energie zum Guten geschenkt zu bekommen. Die das Ich unendlich übersteigende Versöhnung darf nicht an moralische Über-Ich-Vorstellungen gekoppelt werden.[271] Darin spiegelt sich die Vorgängigkeit der unblockierten Erfahrung der Liebe Gottes im Gericht, insofern Gott die Menschen aus unendlich Leben schenkender Wertschätzung heraus auferweckt und ihnen dadurch zeigt, dass er sie in Ewigkeit zuerst liebt (vgl. 1 Joh 4,10). In der „Konfrontation“ mit dieser Vorgängigkeit der Liebe Gottes im Gericht ist jener unterschiedliche Reueschmerz möglich, wie er gerechterweise dem jeweiligen vergangenen Leben der Menschen entspricht.

Auch wenn die Vergebung Gottes vor aller Reueleistung gegeben ist, so sind trotzdem Wiedergutmachung und Sühne buchstäblich notwendig. Die Versöhnung von Gott her geht allerdings ursächlich (nicht unbedingt in der thematischen Erfahrung) der Versöhnung mit den Menschen voraus und ist davon absolut unabhängig. Sonst käme sie in Gefahr, von den Menschen erleistet werden zu müssen. Beide, Vergebung und Sühne, gehören im Bußsakrament unbedingt zusammen, aber gerade so, dass sie zueinander frei sind. Erst so eröffnet die Unbedingtheit der Vergebung den Energieraum der Gnade, die Sühne erst ermöglicht. Derart Geliebte *können* lieben.

Diese unbedingte Vergebung ist sehr verletzlich und kann dafür missbraucht werden, von der Sühne abgespalten und isoliert zu werden: Wenn mit Gott alles bereinigt ist, können die Opfer übersehen werden. Solche Sündensensibilität zerstört die Leidsensibilität.[272] Die Bußpastoral hat hier die Aufgabe, die Gabe mit der Aufgabe, die Vergebung mit der Verantwortung in Verbindung zu bringen, verbunden mit einer endzeitlichen Gottesfurcht, denn im Jüngsten Gericht wird sich herausstellen, dass kein Leid einfach durch Vergebung aus der Welt geschafft werden kann. Was *hier* nicht in Wiedergutmachung und Sühne angegangen wird, wird *dort* umso heftiger erlebbar sein: angesichts der eigenen Taten im ungeschützten Angesicht der Liebe Gottes.

Auch die Vergebung im letzten Gericht geht also allem bedingungslos voraus (vgl. Lk 23,34), aber sie annulliert nicht das zugefügte Leiden, sondern bringt es im Angesicht der Opfer ans brennende Licht des Jüngsten Tages. Reue und Sühne reichen in diese unvorstellbare Begegnung hinein und ermöglichen den Gerechtigkeitsanteil im endzeitlichen Versöhnungsgeschehen. Alle erfahren sich, wer immer sie waren, in die Liebe Gottes aufgenommen. Niemand wird mit Liebesentzug bestraft. Aber genau das verschärft das Gericht, denn als derart unbedingt Geliebte sehen die Menschen ihre Taten und die Opfer mit einem anderen Blick, mit dem Blick brennender Liebe, je nachdem, was sie anderen an Leid zugefügt haben. Analog zu unserer Erfahrung: Jene Schuld schmerzt am meisten, mit der wir Menschen Leid zugefügt haben, die wir lieben und denen gegenüber wir aus tiefstem Herzen sagen, dass es uns leidtut.

Versteht man die Sühne nicht als Voraussetzung der Vergebung, sondern als ihren Erfolg, dann darf sie als solche wichtig genommen werden: Aus der Perspektive der Opfer gilt, dass sie wichtig genommen werden muss! Mit diesem Hinweis weiß ich mich in einer besonderen Verbindung mit dem, was die evangelische Theologin Katharina von Kellenbach entfaltet hat. Wie neue Herausforderungen „alte" Vorlagen vor allem in der Bußtheologie neu erschließen, zeigt sie in ihrem protestantischen Plädoyer für den Satisfaktionsanteil, also für den Genugtuungsanteil der katholischen Bußlehre im kritischen Blick auf eine nur gottbezogene Versöhnungspastoral für NS-Verbrecher nach 1945. „Die reformatorische Kritik an der katholischen Bußlehre und insbesondere der *satisfactio opere* macht es ungeheuer schwierig, die Täter in die Verantwortung gegenüber ihren Opfern zu nehmen. Der dritte Schritt katholischer Bußlehre, die *satisfactio opere*, scheint mir aber einen Ansatzpunkt zu bieten, den Opfern eine Rolle im christlichen Versöhnungsprozess einzuräumen.“[273]

Diese Einsicht, die eindrucksvoll mit diesbezüglich gegenteiligen Vergebungsvorgängen gegenüber NS-Tätern konfrontiert wird, korrespondiert mit dem Anliegen, die eigene Sünde nicht nur in der Beziehung zu Gott „erledigt“ glauben zu wollen, sondern dass gerade diese Beziehung Gottes zu den Sündern und Sünderinnen ermöglicht und beansprucht, die mitleidtiefe Beziehung zu denen, denen Leid zugefügt wurde, aufzunehmen oder, wenn dies nicht mehr möglich ist, in einer gegenwartsbezogenen Sühne zugunsten gegenwärtig Leidender jene Verpflichtung zu leben, die aus der Vergebung heraus ermöglicht und provoziert ist. Die Schuldsensibilität bekommt dann ihre Wurzel in der Leidsensibilität gegenüber den Menschen. Versöhnung mit Gott ist kein Umgehungsunternehmen hinsichtlich solcher Taten der Wiedergutmachung und der Sühne, sondern setzt sie in Kraft. Unbeschadet der Tatsache, dass Gottes Versöhnung auch dann nicht aufhört, wenn die Sühne nicht geschieht. Letztere verlagert sich in jedem Fall in das Gerichtsgeschehen, wo Versöhnungserfahrung und Sühneschmerz eins sind und sich in Ewigkeit „entsprechen“.

2.2 Sühne für andere

Zugleich ist jene christliche Möglichkeit in den Blick zu nehmen, dass auch stellvertretend Sühne gelebt und getan werden kann für Täter und Täterinnen, die nicht gesühnt haben, weil sie nicht sühnen wollten, weil sie nicht sühnen konnten und können oder weil sie gestorben sind. Wie die Genugtuung (wobei das „genug" selbstverständlich immer eine Übertreibung ist), so ist auch ein solches Sühnehandeln nur möglich auf dem Hintergrund des Christusgeschehens „pro nobis" (für uns), in dem uns nicht ersatzweise abgenommen wird, was wir selber wieder gutmachen und sühnen können bzw. müssen, sondern von dem her uns dies ermöglicht ist.[274]

Stefan Zweig hat in seiner eindrucksvollen Beschreibung eines Besuches bei Albert Schweitzer im Jahr 1932 die Quintessenz von dessen Denken und Handeln getroffen, wenn er schreibt: „Aber um seiner höchsten Tat willen, um jenes Spitals, das er aus reiner menschlicher Aufopferung, einzig um eine europäische Schuld zu sühnen, im Urwald von Afrika ganz allein, ohne irgendeine staatliche Hilfe gegründet und geschaffen, um dieser einzigartigen und beispielgebenden Selbstpreisgabe willen liebt und bewundert ihn jeder, der um das Menschliche weiß, all jene, denen Idealismus nur dann groß erscheint, wenn er über das geredete und geschriebene Wort hinausgeht und durch Selbstaufopferung zur Tat wird."[275] Stefan Zweig bringt hier den Begriff der Sühne. Albert Schweitzer selbst hatte verdeutlicht: Die Tatsache, dass es kein Leben gibt, das nicht schuldig werden müsste, nämlich in der „unausweichlichen Notwendigkeit ..., Leiden zu verursachen, zu töten und uns damit abzufinden, dass wir, eben aus Notwendigkeit, schuldig werden"[276], treibt uns zur permanenten Sühne, „dass wir keine Gelegenheit versäumen, lebendigen Wesen Hilfe zu leisten"[277].

Zweig schreibt weiter: „... dieser eine Mensch will für seine Person jenes ungeheure, unsagbare Unrecht sühnen, das wir Europäer, wir, die angeblich so kulturelle weiße

Rasse, an dem schwarzen Erdteil seit hunderten Jahren begangen haben. Würde einmal eine wahrhafte Geschichte geschrieben werden, was die Europäer an Afrika verbrochen … haben .., dann würde eine solche historische Aufstellung eines der größten Schandbücher unserer Rasse werden und unser frech getragenes Kulturbewusstsein für Jahrzehnte zur Bescheidenheit dämpfen. Einen winzigen Teil dieser ungeheuren Schuld will nun dieser eine religiöse Mensch mit dem Einsatz seiner Person bezahlen durch die Gründung eines Missionsspitals im Urwald – endlich einer, der nicht in die Tropen geht um des Gewinns, um der Neugier willen, sondern aus reinem humanen Hilfsdienst an diesen Unglücklichsten der Unglücklichen."[278]

Albert Schweitzer stellt sich in seiner Verantwortung der Vergangenheit gegenüber auf die Seite derer, die den afrikanischen Völkern Unrecht, Leid und Tod gebracht haben, und übernimmt die Sühne ihrer Taten. Ein schlimmes Missverständnis der geschichtlichen Erinnerung läge dagegen darin, dass die Gegenwärtigen nur dem angesprochenen „guten" Personenkreis in der Vergangenheit begegnen möchten, um sich auch im eigenen Leben auf deren Seite zu schlagen, auch wenn es der eigenen Wirklichkeit und Angefochtenheit gar nicht entspricht. So war es eines der Grundprobleme der deutschen Erinnerung nach 1945, dass man sich fast kollektiv mit Opfern, Widerstandspersonen und -gruppen des Nationalsozialismus „im Nachhinein" identifiziert hat, um damit die eigenen (bzw. ihrer Väter) Täteranteile in die Vergessenheit abzudrängen, was zur Folge hatte, dass man die gleichzeitigen Täteranteile bezüglich der lebenden Opfer in der eigenen Gesellschaft bzw. in anderen Erdteilländern kaum wahrnehmen konnte.

Denn wer die Begegnung mit den Opfern in der Vergangenheit riskiert, kann sich dabei gerade nicht einfach herausnehmen, sich mit *ihnen* zu identifizieren. Gerade wenn man die geschichtliche Erinnerung aus der Perspektive der Benachteiligten gestaltet, ist es unerlässlich, dass in genauso präziser Weise die jeweiligen Täter und ihre Taten miterinnert werden, und zwar als permanenter Spiegel, um die eigene Aktualität und Potentialität zum Bösen darin zu argwöhnen und möglicherweise auch zu erkennen.

Von daher kommt eine ganz bestimmte Gerichtsvorstellung in den Blick, nämlich dass sich die von Gott im Gericht angebotene und geschenkte Versöhnung nur dann durchsetzen kann, wenn sie auf Seiten der Sünder und Sünderinnen mit etwas beantwortet wird, was dem entspricht, was sie an Leid zugefügt haben. Und wenn diese sich zugleich der für uns nicht vorstellbaren Notwendigkeit aussetzen, den Opfern so zu begegnen, dass sie sich, getragen von Gottes grenzenloser Versöhnung, bis in die feingliedrigste Erinnerung hinein der ebenfalls von Gottes Gnade ermöglichten Verurteilung und der für uns unvorstellbaren, von Christus ermöglichten Versöhnungsbereitschaft der Opfer aussetzen.[279] So gibt es eine Dynamik von der göttlichen Versöhnung zur menschlichen Wiedergutmachung und Sühne, die auch hier nicht Werkgerechtigkeit und Gottesanspruch begründen können, weil sie sich selbst der vergebenden Gnade Gottes verdanken.

Von Kellenbachs protestantisches Plädoyer für die katholische Bußpraxis kann übrigens auch eine neue Perspektive der katholischen Ablasstheologie eröffnen, in der gerade dieser Zusammenhang von Sünde und Verantwortung gegenüber zeitlichen Sündenfolgen thematisiert wird.

Es ist zu wenig bekannt, dass Luther, bei allem heftigen Kampf gegen die schäbige und gewinnsüchtige Ablasspraxis (vgl. 72. These) der damaligen Zeit, unter anderem in seiner 71. These für die „theologische Wahrheit des Ablasses" eintritt.[280] Diese Wahrheit bezieht sich gerade auf jene radikale Sündhaftigkeit des Menschen und ihre verheerenden Folgen, die herauszuheben Luther ebenso angelegen war wie der Weg der Buße. In die gleiche Richtung sei auch hier der Ablass ernst genommen, auch dahingehend, die Ablassdynamik mit dem lutherischen Rechtfertigungsglauben zu verbinden. Dies bedeutet, den Ablass von jeder Tauschvorstellung zu befreien, als könnte oder müsste man durch eine Ablassgewinnung eine Bedingung für die Rechtfertigungsgnade erfüllen. Luther löst die Heilswirkung von jeder menschlichen Mitwirkung, „von Reueschmerz, Beichte, Wiedergutmachung, genugtuenden und verdienstlichen Werken" ab und kann gerade deshalb diese vollkommene Vergebung der Sünden und Sündenstrafen im „Punkt der Rechtfertigung des Gottlosen zusammenfallen lassen"[281]. Diese Rechtfertigungserfahrung ist der ermöglichende Raum, in dem dann allerdings, sicher auch mit Luther, das alles geschehen kann: Reueschmerz, Beichte, Wiedergutmachung, genugtuende Werke u. Ä.

Im altkirchlichen Ablass, wird er nicht missbraucht, kommt „der immense Gnadenschatz der Passion Christi mit seiner vollkommenen Sündenvergebung allen belasteten Seelen der Christenheit, gerade auch den größten Sündern und auch den materiell Armen, die keinen Geldbetrag aufbringen können, heilsam zugute"[282]. Luther radikalisiert eben diesen „Ablass“, indem er den angesprochenen Gnadenschatz von jeder Art einer Vorleistung, auch noch der kleinsten, befreit. Die Absenkung der Anforderungen im Kontext der Ablassgnade erfolgt nun bis zum Nullpunkt. Denn jetzt ist kein Eigenbeitrag mehr zu leisten.[283]

Auf der Basis des totalen „Ablasses“ in der Rechtfertigungsgnade *kann* die Sühne und Wiedergutmachung des Menschen für das geschehen, was er angerichtet hat. Nicht weil die Sühne als Strafe „von oben“ erzwungen wird, sondern weil Gott alle Sanktionen kassiert hat. In der Ablasssprache: Der Akteur dieses Ablasses ist nicht der Mensch, sondern Christus. Der Ablass ist der Erlass aller zeitlichen Sündenstrafen (als Strafen, die erzwungen wären) und schenkt so die nun freie Motivation, aus eigenem Antrieb heraus für die Folgen der eigenen Schuld einzustehen. Nicht als Bedingung der Rechtfertigungsgnade, sondern als jene zwischenmenschliche Dynamik, die aus ihr herausdrängt.

Bei solcher Sühne handelt es sich nicht um eine Sühne, als wenn an Christi Sühne am Kreuz etwas fehlte, sondern um jene zwischenmenschliche Sühne, die durch das Kreuzesgeschehen auf Seiten der Menschen ermöglicht und angetrieben wird.[284] Die sühnende Genugtuung Christi für die Sünden der Menschen findet außerhalb und unabhängig von den Menschen statt und kommt damit bedingungslos den Menschen zugute, weil sie von keinen Bedingungen abhängig ist.[285]

In solcher Ablasstheologie wird also kein Ablass von der Genugtuungsverantwortung gewonnen, sondern Letztere ergibt sich aus dem Glauben an den „Radikal-‚Ablass‘ Christi“[286]. Es ist jene Sühne, die das extra nos, das „außerhalb von uns", der Sühne Christi weder ergänzen muss noch schmälert, sondern in der sich Letztere im intra nos, im „innerhalb von uns" und unserer sozialen Verantwortung, spiegelt.

Verbunden mit der entsprechenden *jenseitigen* Gerichtstheologie, in der sich der unterschiedliche Sühneschmerz der Menschen in der universalen Rechtfertigungsgnade ereignen kann und durch sie erst ermöglicht wird, geht es hier um das Ernstnehmen der Werke und die bußoffene Bearbeitung ihrer schlechten Folgen im *Diesseits*. In beiden Fällen handelt es sich also um eine theologisch unerlässliche Gewichtung der Frage danach, ob die Menschen den Willen Gottes tun oder nicht, ob sie Leid eher aushalten als zufügen. Denn das Leiden, das zugefügt wurde, ist weder diesseits noch jenseits mit der Vergebung getilgt. Diese Differenz wird *in* der Liebe nicht kleiner, sondern unendlich größer und schärfer. Denn dass dies so ist, nämlich dass mit der Vergebungsgnade der zugefügte Schmerz noch nicht getilgt ist, geht den Menschen immer erst in der Liebe auf, zum einen restlos in der unblockierten Schau der Liebe und Freiheit, die Gott zusammen in aller Fülle im Jüngsten Gericht schenkt, zum anderen im Diesseits ansatzhaft in der Reue und Sühne, die ebenfalls durch Gottes Gnade geschenkt ist.

Der Zusammenhang mit dem endzeitlichen Weltgericht von Mt 25 zeigt einen Gegensatz an, der diejenigen, die Freude haben werden, scharf unterscheidet von denen, die heulen werden. Dieses Gericht ist auch dann ernst zu nehmen und gerade dann, wenn es sich nicht in der Differenz zwischen Heil und Unheil, sondern *im* Heil ereignet, allerdings mit unterschiedlichen Auswirkungen auf dem Hintergrund der Biographien.

Nach katholischer Lehre bestimmen den Ablass drei Dimensionen:[287] Er ist der Erlass einer zeitlichen Strafe von Gott für Sünden, die schon durch Lossprechung vergeben sind (die Unbedingtheit der Letzteren bleibt unberührt, sondern wird durch die Ablassmöglichkeit erfahrungshaltig gesichert); er wird erlangt unter bestimmten Bedingungen (die Bedingungen beziehen sich also auf die guten Taten, nicht auf die Sündenvergebung); und dies alles geschieht aus einer ganz bestimmten Gnade heraus und ist durch sie ermöglicht. Ich muss diese drei Dimensionen eigens hervorheben, weil bis in ernst zu nehmende Medien und Berichterstattungen hinein immer wieder der Irrtum verbreitet wird, dass es sich beim Ablass um den erleisteten Nachlass von Sünden handele.

Was zunächst stutzig macht, ist das Wort „Strafen". Als Vermittlung mag Augustinus mit seiner Einsicht herangezogen werden, dass die Sünde ihre Strafe in sich selber habe.[288] Wer sündigt bzw. wer es unterlässt, gegen die Sünde anzugehen, bringt damit Folgen („Strafen") dieses Verhaltens in die Welt, die der Mensch nicht kontrollieren und überschauen, die er auch nicht mehr zurückhalten kann. Der Ablass bringt uns damit auf die Frage: Ist mit der Vergebung alles bereinigt? Ist damit alles wieder wie am Anfang? Die Sündenschuld wird zwar nachgelassen, aber was ist mit ihren Folgen? Hier wird klar: Es muss eine notwendige Unterscheidung getroffen werden zwischen Vergebung der Sünde einerseits und ihren fürchterlichen und Leid schaffenden Folgen andererseits.

So bedarf es neben der dem Einzelnen möglichen und dann auch nötigen unmittelbaren Wiedergutmachung eines Schadens am anderen zugleich einer besonderen Anstrengung des Aufarbeitens oder Wiedergutmachens im Bezug auf all die Sündenfolgen, die man nicht im Griff hat. Die zeitlichen Strafen für die Sünden haben ihre Wurzeln in der Sünde selbst, die aus sich heraus Schaden, Elend und Verzweiflung, schließlich den Tod schafft. Diese in Zeit und Geschichte auftretende Konsequenz der Sünde gilt es in den Blick zu bekommen:

– Auf der persönlichen Ebene: Viele Beispiele aus dem Alltag lassen dies erkennen: Jemand verleumdet einen anderen Menschen und macht ihm so Schwierigkeiten. Er erkennt sein Unrecht und bittet den durch ihn in Schwierigkeiten Geratenen um Verzeihung. Aber die Worte sind nicht mehr aufzuhalten. Sie sind wie ein Pfeil, der, einmal abgeschossen, nicht mehr zurückgenommen werden kann. Sie haben schon getroffen und Kreise gezogen. Die Wellen des einmal Gesagten schlagen hoch und setzen sich fort, das Gerücht läuft weiter, selbst nachdem die beiden untereinander wieder ins Reine gekommen sind.

– Auf der strukturellen Ebene: Der strukturelle Aspekt wird schon dadurch fällig, dass wir in Europa mehrheitlich Anteil haben an einem Reichtum, der anderen das Nötigste wegnimmt, dass beispielsweise Christen und Christinnen in Fabriken arbeiten (und für ihren Unterhalt und den ihrer Familie auch darin arbeiten müssen), die die Umwelt verschmutzen, oder in Betrieben, die strukturell Unterdrückung und Gewalt schaffen, oder in Industrien, die Vernichtungsmaschinen herstellen, oder in Konzernen, deren Unternehmenspolitik Bevölkerungsteile in anderen Ländern ausbeuten.[289]

Wir sind in diese kollektive Sündhaftigkeit systemischer Zustände hineingeboren, und indem wir zu wenig dagegen tun und sagen und Kritik unterlassen, indem wir aber auch in vieler Hinsicht einfach nichts dagegen tun *können*, weil kaum ein Mensch das Problem dadurch lösen kann, dass er aus diesen Verhältnissen aussteigt, steht für den Menschen die Trauer-, Buß- und Genugtuungsarbeit an: nämlich wenigstens den Versuch einer Wiedergutmachung für diese Sündenfolgen der wirtschaftlichen und politischen Zusammenhänge in den Bereichen zu leisten, wo dies möglich ist! Beispielsweise im Gebet; dann in einer ganz anderen Freigebigkeit den Armen gegenüber; indem wir uns um klare Analysen dieser Zusammenhänge bemühen und sie nicht verdrängen; indem wir den Mund auftun, die entsprechenden Solidarisierungen mit anderen Initiativen in der Gesellschaft riskieren, in Eine-Welt- und Partnerschaftsgruppen mitarbeiten und vieles andere mehr. Der Schaden, den wir mit unserer Sünde im persönlichen und sozialstrukturellen Bereich anrichten bzw. nicht verhindern (können), verlangt geduldiges Bemühen um Korrektur, schmerzhaftes Abtun von Gewohnheiten, ehrlichen Willen zum Aufarbeiten auf verschiedenen Gebieten.

Aus dieser Perspektive sollten sich die Ablassvorschläge der Kirche nicht nur auf den Bereich der Spiritualität beziehen. Gebet und Sakramentenempfang sind ganz entscheidende spirituelle Momente auf dem Weg der Umkehr und der Wiedergutmachung: Es geht *auch* um die persönliche Abkehr des Christen von der Sünde. Doch dürfen Gebet und liturgische Vollzüge keine Ersatzleistung für das sein, was eigentlich zu tun wäre, nämlich die konkrete Versöhnung mit den anderen und die Wiedergutmachung der sozialen und anderen Folgen der Sünde (der eigenen bzw. der Sünde anderer). Solches Handeln verausgabt sich an der neuralgischen Stelle selbst, wo die Konsequenzen der persönlichen und der strukturellen Sünde konkret vorhanden sind. Die Ablassforderungen werden sich demnach den realen Vorgängen stellen müssen, wo Einzelne, Gruppen und Völker sich und andere in Unheil verstricken.

So ist die manchmal missverstehende Verachtung gegenwärtiger Ablasspraxis zu korrigieren, weil dadurch der schwerwiegende Unterschied zwischen der Sünde und ihren Folgen verharmlost und die theologische Intention des Ablasses verdunkelt wird. Denn diese Intention stößt uns auf die Notwendigkeit, die in Zeit und Geschichte manifest werdenden Folgen der Sünden durch solidarisches Handeln, durch politische Zivilcourage, soweit es in unseren Möglichkeiten liegt, wieder gutzumachen. Solche Praxis verdichtet das Sühnehandeln der Einzelnen und ihrer Gemeinschaften: zugunsten einer wenigstens ansatzhaft erfahrbaren „Sanierung" der Welt an ihren Unheilsplätzen.

2.4 Sühnesolidarität über den Tod hinaus

Das alles darf nicht so verstanden werden, dass wir durch solche Werke aus eigener Kraft und zu unserem Selbstruhm fähig wären, und schon gar nicht, dass wir dadurch die Folgen der Sünde durch uns selbst schon bewältigt hätten. Solche Wiedergutmachung ist nur deswegen möglich, weil sie im Erlösungswerk des am Kreuz sühnenden Christus begonnen und vollzogen wurde und so den Menschen ermöglicht, sich aus dieser Gnade heraus in eine ähnliche Solidarität und Sühne zu begeben. Derart begnadet sind die Menschen selbst eine gewirkte Wirklichkeit der Gnade in der Geschichte und noch mehr im Himmel.

Wer betend und von sich etwas hergebend „Ablass gewinnt“, erhält also gerade *keine* Amnestie, gewinnt aber für sein lebenslanges und oft hoffnungsarmes Bemühen den Beistand und die Schubkraft Christi mit all denen, die die Güte Gottes bzw. die Nachfolge Jesu gelebt haben. Derart kann man sich mit den Folgen menschlicher Schuld befassen und darauf vertrauen, dass man von dieser Solidargemeinschaft der in Christus Begnadeten getragen ist.

Niemals werden alle Folgen der Sünde auch nur annähernd in *dieser* Zeit zu bewältigen sein. Die überdimensionale Größenordnung des Bösen und der Gewalttätigkeit sowie die immense Zahl und die unermesslichen Leiden der Opfer lassen eine solche gleichgewichtige „innerweltliche“ Wiedergutmachung (im „Regelkreis“ von guten und bösen Kräften) der Menschen in keiner Weise zu. Es bleibt ein „Rest“, freilich ein Rest ungeheueren Ausmaßes, der über die Zeitlichkeit des Einzelnen und der Menschheitsgeschichte in die Ewigkeit hinein hinausschießt und dort ausgelitten sein will. Eine andere Sicht würde Gewalttätigkeit und Bosheit in der Geschichte der Menschen bagatellisieren, vor allem die Leiden der Opfer einschätzbar machen und damit ebenfalls verkleinern. Die Sühne braucht also unschätzbar mehr „Zeit“ oder auch Intensität, als hier überhaupt zur Verfügung steht. Die Sühne braucht die Intensität des Jüngsten Gerichts. Aus dieser Perspektive ist dessen brennende Reueerfahrung die notwendige Verlängerung der „Ablasspraxis“ in den Brückenbereich zwischen dieser und der neuen Welt hinein. Was hier nicht mit Gottes Gnade gesühnt wird, dessen Sühne wird dort endgültig gegeben.

Man kann deshalb mit Vorsicht sagen, dass hiesige Sühne einen Sühne-Ablass bezüglich der Sühne im Gericht bewirkt, wenn man nicht vergisst, dass es sich beide Male um ein Geschenk der Gnade handelt. Was hier an Reueleid und Sühneverantwortung gelebt wurde, verändert auch die Begegnung mit der unverschleierten Liebe Gottes im Gericht.

Diese Andeutungen zeigen, dass es tatsächlich eine inhaltliche Verbindung von Verstorbenen und Lebenden, eine gemeinsame „Ablassexistenz“ in der gemeinsamen Sühne gibt. Darf man die gegenseitige Solidarität so weit denken, dass der über unsere Zeit und Geschichte hinausschießende „Rest“ der Sündenfolgen durch unsere hiesige Wiedergutmachung wenigstens etwas „in Grenzen“ bleibt: für die Verstorbenen, für die wir stellvertretend sühnen, wie auch für uns? Und dass die Heiligen selbst in ihrer Sühne für uns einstehen?[290] Kommt hier die Verantwortung in den Blick, die in der Heilserfahrung Gottes die Befähigung erhält, in Gerechtigkeit und Barmherzigkeit zum Heil der Menschen zu handeln, Schlimmes für sich bzw. für andere wenigstens ansatzhaft wieder gutzumachen und im Gericht mit dem „Lohn“ einer weniger schmerzlichen Antwort auf Gottes unendliche Versöhnung beschenkt zu werden?

3. Glaube als Lebenshilfe

Das Anliegen Luthers, dass die im Glauben *erfahrbare* Vorgegebenheit der Gnade eine Kraftquelle für das Leben ist, kann sich auf viele Bezeugungen berufen. Diese sind nicht als werkgerechte oder moralische Druckmittel aufzufassen, sondern sind selbst eine Erfahrung der Gnade in der Geschichte, eine Ermutigung: „Schau hin, was Menschen aus der Gnade heraus alles möglich ist!“ Die folgenden Erinnerungen helfen auch heute, die Energie schenkende Verbindung von einer bedingungslosen Liebe Gottes und einer möglichst entgrenzenden Solidarität zu entdecken.[291]

Der evangelische Pfarrer Harald Poelchau, Gefängnisseelsorger in Berlin, der in der Naziherrschaft viele Insassen gerade auch aus dem Widerstand seelsorglich begleitet hat, und Pater Alfred Delp, der dem Kreisauer Kreis nahestand, hatten betont, dass die Frage, was ihnen Kraft schenke, eine Frage des Glaubens sei. Julius Bursche, Bischof der Lutherischen Kirche in Polen, der 1942 im Konzentrationslager Sachsenhausen starb, konnte sich auch noch angesichts der totalen Zerstörung seiner Lebensarbeit in Gottes Barmherzigkeit hineinfinden. Der katholische Pfarrer Jan Zieja, während des Krieges Kaplan im Untergrund, konnte seinem Bischof sagen, dass er gerne leide für den Dienst an der Barmherzigkeit, bei der er sich in tiefem Vertrauen gesichert wusste in der Liebe Christi. Auch Alfred Delp wusste sich getragen von einer tiefen Spiritualität, erfüllt mit theologischen Überzeugungen und bis zum Schluss mit dem Lesen der Bibel.

Angesichts solcher Beispiele hat man sich in den letzten Jahrzehnten immer wieder gefragt: Warum waren es nicht viel mehr, warum waren es letztlich doch nur wenige, die so weit gehen konnten? Aber diese Frage betrifft nicht in verurteilender Weise die Vergangenheit (solches Richteramt gehört nur Gott allein), sondern sie fällt als Gericht und nötige Ausrichtung auf uns selber zurück. Was hier im Extremfall zum Vorschein kommt, gilt auch für uns im sogenannten Normalfall, der manchmal sehr schnell auch zum Extremfall werden kann. In einer Zeit, da wir scharf umlernen müssen, weg von wirtschaftlichen

Wachstumsvorstellungen hin zum gerechten Verteilen der natürlichen und wirtschaftlichen Ressourcen. Nicht nur zwischen den reichen und den armen Ländern, sondern auch in unserem Land lauert die Gefahr, dass offen Verteilungskämpfe aufbrechen, zwischen den Aufsteigern und den Absteigern, zwischen Einheimischen und Flüchtlingen, zwischen (äußerlich) unbehinderten und behinderten Menschen.

3.1 Bilder des Glaubens

Je mehr Anlass es in der Wirklichkeit für Optimismus gibt, desto leichter fällt die Hoffnung. Ganz schwierig wird es mit der Hoffnung, wenn es dafür im Vorhandenen fast oder überhaupt keinen Anlass gibt. Der Apostel Paulus benennt dieses Problem und darin zugleich jene Ressource, die auch dann greift, wenn es keine Ressourcen mehr gibt, nämlich die Ressource des Glaubens selbst, nicht als Lückenbüßer, sondern als Wegbegleitung, die sich auch im Schlimmsten nicht aus dem Staub macht: „Denn wir sind gerettet, doch in der Hoffnung. Hoffnung aber, die man schon erfüllt sieht, ist keine Hoffnung. Wie kann man auf etwas hoffen, das man sieht? Hoffen wir aber auf das, was wir nicht sehen, dann harren wir aus in Geduld. So nimmt sich auch der Geist unserer Schwachheit an … der Geist selber tritt jedoch für uns ein mit Seufzen, das wir nicht in Worte fassen können … Wir wissen, dass Gott bei denen, die ihn lieben, alles zum Guten führt …“ (Röm 8,24–28).

Es geht dabei darum, sich die Hoffnung und Kreativität nicht zerstören zu lassen, unbeschadet der Tatsache, dass es tiefste Leiderfahrungen der Trauer und der Zerstörung gibt, in denen sich keine Glaubensbilder mehr als Ressourcen des Lebens einstellen können, weil alles am Ende ist; wo der Glaube auch nochmals in sich selbst nackt ist, als blanke Hoffnung gegen alle Hoffnungslosigkeit. Gottes Nähe ist auch dann gegeben, wo sie nicht mehr in Glaubensbildern zu erleben ist.

Und doch: Es gibt viele eindrückliche Beispiele dafür, wie (nicht nur) gläubige Menschen auch in schlimmen Lebenskatastrophen noch eine andere Sicht der Wirklichkeit als die aufgezwungene finden und „erfinden", um in diesen Worten und Bildern leben, überleben, gar sterben zu können. Sie mögen uns „Vor-Bild", ein vorgegebenes Bild, sein, dass und wie in eigenen Situationen, wo wir den Glauben nicht mehr mit vorhandenen Ressourcen verbinden können, der Glaube selbst zu einer Ressource wird, um nicht verzweifeln und resignieren zu müssen, sondern um auch darin nochmals Kraft zur eigenen Gestaltung zu gewinnen.

Mit Ulrich Bach (1931–2009) höre ich auf einen behinderten Menschen.[292] Ulrich Bach war evangelischer Pfarrer und an den Rollstuhl gebunden. Aus der Gottesbegegnung heraus ist ihm (und das darf hier nur ein Betroffener selbst sagen) die andere Sicht seiner Situation deutlich geworden, indem er anfragt: Wer hat uns eigentlich eingeflüstert, eine Behinderung nicht auch als eine Begabung zu sehen? Eine Begabung zum Beispiel, die eigenen Erfahrungen und die eigene Lebenssicht zusammen mit anderen behinderten Menschen für die Lebensgestaltung aller ernst und wichtig zu nehmen? Oder die Begabung, dass die äußerlich Unbehinderten elementar von Behinderten lernen können, ihre eigenen unsichtbaren Behinderungen nicht zu verkrampfen und zu verstecken. Eine Begabung also, die für alle Beteiligten das Leben vertieft und bereichert.

So kann auch Ulrich Bach angesichts bestehender und nicht geheilter Behinderungen die Wundergeschichten des Evangeliums nicht in ihrer wunderbaren Weise auf sich beziehen. Er bezieht sich auf das Kreuz, auf jenen am Kreuz radikal behinderten Menschensohn, der darin Gottessohn ist und bleibt und dieses Sterben und den Tod nochmals wendet als unvorstellbare „Begabung", als Gabe für alle Menschen, nämlich als Vollzug seiner unbedingten Liebe, die sich mit den Opfern solidarisiert und auch die Täter und Täterinnen umfasst. Nicht dass damit Behinderung und Leiden einen Sinn bekämen: aber was in ihnen aufscheint, ist die Möglichkeit, sie als einen Raum der Liebe, der Hingabe zu gestalten. Weil Gott selbst in diesen Raum eingetreten ist und uns darin trägt und nicht im Stich lässt. Die Behinderung als Begabung zu sehen ist eine „Einbildung" höherer Art, kein Phantasiegebilde, sondern eine Wirklichkeit, die in Gott selber wurzelt und darin geschenkt ist.

Ein anderes Beispiel für die Vorstellungswelt und darin für die Vorstellungskraft des Glaubens finde ich beim Berliner Domprobst Bernhard Lichtenberg. Als er 1941 ins Gefängnis Tegel kommt, sagt er: Ich stelle mir vor, ich bin in einem Kloster. Meine Gefängniszelle ist die Klosterzelle. Ich habe jetzt Zeit zu beten und zu arbeiten (im gewissenhaften Saubermachen der Zelle). Lichtenberg konstruiert sich von seinem Glauben her eine eigene und andere Vorstellung von der Wirklichkeit. Die Wirklichkeit bleibt, und sie bleibt eine Last, aber eine andere, eine leichtere, weil sie nun einen Ort in seiner Glaubenswelt und darin in seiner Gottesliebe bekommen hat. Aus der Fremdbestimmung macht er eine Selbstbestimmung; wenigstens teilweise verkleinert er damit die Entfremdung dieser Situation. Seine Mitgefangenen und auch seine Wärter werden dadurch nicht gerade Klosterbrüder, aber doch sind sie keine Fremden und gar Feinde mehr. Und sie erfahren dies auch so. So schenkt der Glaube eine alternative Les- und Schauart der Wirklichkeit.

3.2 *„Illusion" als Energie*

Vieles kann man nicht verändern, aber alles kann man anders sehen: durch „Einspielen" und „Einleuchten" (Illusion) einer anderen, einer „unmöglichen" Wirklichkeit.[293] Aus der lebendigen Vertrauensbeziehung zu Gott heraus kann dann etwas tatsächlich leichter, jedenfalls anders aus- und durchgehalten werden. Sinnloses bekommt damit nicht einen Sinn, verliert aber aus der Perspektive des Glaubens seine Beziehungslosigkeit. Hier zeigt sich, dass der Glaube kein zusätzliches Joch ist, das drückt, sondern die Last wirklich leicht macht (vgl. Mt 11,28–30). So verbindet Lichtenberg nicht nur das, was gut ist und als gut erfahren wird, mit seinem Glauben und seiner Hoffnung, sondern auch das Unheil, wie dies Ulrich Bach mit seiner Behinderung tut, wenn er sie, teilweise wenigstens, als Begabung sieht.

Die Menschen dürfen aus dem Getragensein von Gott heraus Meister und Meisterinnen der eigenen Sicht der Wirklichkeit sein: mit Bildern, die dem Leben seine Schwere nicht nehmen, die auch nicht davor wegfliehen, sondern die gerade darin noch einen Ort der Kraft des Heiligen Geistes und damit der Kreativität zu entdecken vermögen. Dann gibt es die Chance, dass neue Möglichkeiten die Zwanghaftigkeit und Ausweglosigkeit der Situation aufsprengen, sie nicht noch belastender machen, sondern noch tiefer hineinführen in die niemals verabschiedete und verabschiedbare Nähe Gottes zu uns und zu jeder Situation, in der wir uns befinden. Aus dieser Beziehung zu Gott heraus können Christen und Christinnen die Bedeutung ihres Lebens und ihrer Widerfahrnisse in ganz besonderer Weise entziffern oder als Geheimnis stehen lassen. Der Glaube selbst ermöglicht also einen Spannungsbogen in Situationen, in denen wir zusammenzubrechen und zusammenzufallen drohen, eine Spannung zwischen der erfahrenen Ressourcenlosigkeit auf der einen und der darin unverminderten Gegenwart Gottes und damit der entsprechenden Hoffnung auf der anderen Seite.

Auch in diesem Zusammenhang gilt Mt 6,19–34: Sorgt euch nicht um euch, denn Gott hat längst für euch gesorgt! Natürlich sorgen wir uns um uns und um andere, aber wir wissen in unserem Glauben darum, dass diese Sorge nochmals umfangen ist von der unendlichen Sorge Gottes um ums. So gilt: In der Ressourcenfrage geht es nicht nur darum, bestehende Ressourcen mit unserem Glauben und mit unserer Hoffnung zu verbinden, sondern den Glauben und die darin liegende Hoffnung selbst als von Gott geschenkte unendliche Ressource, als Gnade auch noch und gerade dann zu erfahren, wo wir, faktisch gesehen oder auch nur von unseren eigenen Projektionen her, nicht mehr ein noch aus wissen.

Alfred Delp hat für diesen „Halt“ eine eigene Sprache: Er spricht von „Erleuchtung und Führung“, von „Gottes Fügung und Führung“[294]. Er spricht von einer „jenseitigen Kraft“: „Der Mensch muss auf alle falsche Sicherheit verzichten und er wird der großen Ruhe und Überlegenheit des Herrgotts teilhaftig."[295] Und er sagt: „Der Mensch weiß seines Daseins Mitte in Gott hinein verlagert."[296] Er glaubt an die „große Gnade und Hilfe des väterlichen Gottes, der mich so die Wüste bestehen lässt, ohne in ihr dursten zu müssen"[297]. Und in seinem Brief an sein Patenkind etwas mehr als eine Woche vor seinem Tod schreibt er: „Fleisch und Blut allein schaffen es nicht. Wenn ich jetzt in München wäre, würde ich dich in diesen Tagen taufen, das heißt: Ich würde Dich teilhaft machen der göttlichen Würde, zu der wir berufen sind. Die Liebe Gottes, einmal in uns, adelt und mantelt uns. Wir sind von da an mehr als Menschen. Die Kraft Gottes steht uns zur Verfügung, Gott selbst lebt unser Leben mit, das soll so bleiben und immer mehr werden, Kind. ... das wünsche ich ... Deinem innersten Selbst, dass Du Dein Leben mit Gott lebst als Mensch in der Anbetung, in der Liebe, im freien Dienst."[298] Man versteht von daher Graf von Moltke, der mit Delp verurteilt wurde, wenn er Jahre vorher sich einer ausdrücklichen Gottesbeziehung angenähert hat im Glauben und in der Hoffnung, darin von einer ganz anderen Macht Orientierung und Halt für das zu bekommen, was durchzustehen ist. Die Gottesbeziehung ist bei diesen Menschen bis in die äußerste Not, bis in das schlimmste Scheitern hinein ein „Halt".

Die Hoffnung wider alle Hoffnung ist aber nicht nur eine Gnade des Glaubens, sondern ist tief in der Schöpfungsgnade verwurzelt: diese solidarische Kraft einer Phantasie, die weitab von der Wirklichkeit dann doch die Wirklichkeit bestehen oder aushalten lässt. Der phantastische Film „Das Leben ist schön" von Roberto Benigni aus dem Jahr 1997 lässt einen Buben in märchenhafter

Phantasie ein KZ der Nazis überleben. Ermutigt von seinem Vater, darf sich der Junge „einbilden", dass das ganze ein schwieriges Spiel sei, das man gewinnen könne und das er derart auch überlebt.[299]

Die für das Überleben in Extremsituationen notwendige kontrafaktische Hoffnungsphantasie bezeugt auch ein Text bei der Holocaustüberlebenden Anita Lasker-Wallfisch, wenn sie von ihrer Großmutter schreibt: „Meine Großmutter *weigerte sich schlicht wahrzuhaben,* was um sie herum vorging. Dies war ohne Zweifel ihre Art, sich zu schützen." Und: „Ich glaube, dass in solch *verzweifelten* Momenten eine Art *Amnesie* über einen kommt."[300] Es gibt also auch noch in der Verzweiflung so etwas wie eine durchaus auf die Realität bezogene „Realitätsverleugnung als Überlebenstechnik"[301]. So gelingt es, sich *„irgendwie außerhalb der ‚Wirklichkeit'* zu stellen."[302] Tatsächlich war dies eine „Illusion", doch sie half zum Überleben.[303]

Für andere war es die Musik und das Spielen eines Instrumentes in den Konzerten von Theresienstadt,[304] was ihnen Kraft und wenigstens für diese Augenblicke Freude gab. Es ist für die Cellistin Lasker-Wallfisch die Musik, die harte Probenarbeit im Lagerorchester, die sie von der Verzweiflung ablenkt. Von der Leiterin des Orchesters, Alma Rose, schreibt Lasker-Wallfisch: „Vielleicht war dies für sie selbst die *einzige Möglichkeit, nicht den Verstand zu verlieren.* Sie zog uns alle in den Bann ihres *Wahns,* aus dem Repertoire, das wir spielten etwas Perfektes zu machen – und gerade darin half sie uns, *dass auch wir nicht den Verstand verloren."*[305]

Paul Valéry schreibt in seinem „kurzen Brief über den Mythos": „Was wären demnach wir ohne den Beistand dessen, was nicht ist?" Diese Bemerkung wählt Mario Vargas Llosa als Eingangsmotto zu seinem Roman „Das Paradies ist anderswo“[306]. Aus diesem Anderswo kommt eine eigenartige Kraft. Mit Emmanuel Lévinas gewendet: *Anderswo* ist jenseits des Seins,[307] als Ausdruck einer diesseitig unbegründeten und unbegründbaren und derart unbedingten Hoffnung.

3.3 Wenn nichts hilft

Ein mir sehr nahestehender Mensch hat in der letzten Phase seines Krebsleidens immer wieder die Frage gestellt: „Warum so früh?“ (er hat gerne gelebt und hätte noch gerne weitergelebt), und: „Warum mit solchen Schmerzen? Ich habe doch niemandem etwas zuleide getan?“ Als uns in einem Gespräch der Gedanke kam, dass er mit diesem relativ frühen Tod und dem Leiden vielleicht anderen Menschen, *womöglich einem oder einer seiner Lieben*, stellvertretend ein solches Geschick abnimmt und gleichsam erspart, jedenfalls dass sein Leiden anderen „irgendwie“ zugutekommt, da hat ihm dieser Gedanke gutgetan und sichtlich geholfen: der Gedanke der Proexistenz-, der Fürsein-Bedeutung und -Wirkung seines Leidens und Todes, worin *sein Leiden einen Ort in seiner Liebe fand.* In seiner Klage ist, ohne dass sie weggewischt wäre, doch ein wenig Licht aufgeleuchtet!

Weil Gott selbst in Jesus das Leiden an sich heranlässt, weil „seither“ der Auferstandene in Gott die Wunden der Menschheit behält, weil der Geist Christi weiterhin in jedem Leidenden „mitseufzt“ (vgl. Röm 8,26), weil der Geist Christi in bleibender geschichtlicher Präsenz in jedem Leidenden begegnet (vgl. Mt 25,42–43), weil er gerade die Sünden des Menschen nicht die Grenzen zwischen Menschen und Gott sein lässt, sondern überschreitet (vgl. 1 Joh 4,10), weil er sich also substantiell mit den Leidenden solidarisiert, *deshalb* verschafft er jedem Leiden eine „Transzendenz", ein Hineinragen in Gott hinein, und deshalb entlässt dieser mitseufzende Christus Gott nie mehr aus einer Immanenz, aus seinem Innesein im leidenden Menschen. Im Horizont dieses solidarischen Begegnungsgefüges zwischen Gott und Mensch steht kein Leid mehr nur „für sich", sondern immer auch „mit anderen" und „für andere". Wenn es so etwas wie eine Proexistenz-Bedeutung des Leidens Jesu Christi gibt, dann ist dies Ausdruck seiner mitleidenden Solidarität, und dann hat daran auch das im Letzten immer unzumutbare Leiden der Menschen Anteil. Dies gibt dem Leiden keinen Sinn, beteiligt Gott selbst nicht nur am Leiden, sondern auch an dessen Sinnlosigkeit. Was man in der Volksfrömmigkeit also „Aufopfern" nennt, macht durchaus Sinn, wenn damit nicht ein unmenschliches Gottesbild transportiert wird, sondern wenn dabei Gott als einer erfahren werden kann, der selbst auf der Seite der Leidenden mit seiner Liebe mitleidet und darin dem Leiden der Leidenden Anteil gibt an der Proexistenzbedeutung und -wirkung seines Leidens.[308]

Vor vielen Jahren habe ich ein Bild gesehen, das mich tief getroffen hat. Es ist eine Fotografie, die zeigt: Der Aufstand im Warschauer Getto ist niedergeschlagen. Die Sieger treiben die Überlebenden zusammen, um sie alle nach kurzer Zeit zu exekutieren oder in die Gaskammern zu schicken. Neben einem Soldaten (Gewehr nach oben, ein angewinkeltes Knie, in lässiger Herrscherpose) liegen auf dem Boden eine Frau und ein Mann, mit den Gesichtern zum Boden, zwei Menschen, die zusammengehören, die sich gernhaben, die wie lange schon füreinander da waren und sind. Kurz vor ihrem Ende, das Gewehr drohend über ihnen. Der Mann bringt seinen Körper seitlich an die Frau, bedeckt sie etwas, schlingt seinen Arm schützend über ihren Kopf und Nacken.

Angesichts brutalster Schutzlosigkeit: dieses Schutzhandeln. Gar nicht hilflos sieht es aus: starke Arme, starke Hände in der Schwäche, in der Hilflosigkeit, in der drohenden und sicheren Zerstörung. Ein rational sinnloses Handeln, und menschlich doch das Einzige, was zu tun noch möglich ist. Ein Bild der Nichtaufgabe der Liebe in der Gewalt, eines „gewaltigen" Widerstandes gegen die Gewalt: mit der Gewalt der Zärtlichkeit und des Schutzes.

Die Struktur des Bildes, einmal abgelöst von der Tragik des Warschauer Aufstandes, kündet: In der Bedrängung, in der Schutzlosigkeit und Bedrohung, ja in der Hoffnungslosigkeit nicht die letztmöglichen Räume zu verlieren und zu übersehen, wo Zärtlichkeit und Kraft, Liebe und Schutz zusammengeraten.

In Zeiten wachsender Bedrohung schutzbedürftiger und behinderter Menschen geht es darum, die Räume des Schützens auszuweiten. Nicht zu resignieren, sondern gerade im Hoffnungsmangel die Räume der Hoffnung auszubauen. Den Blick zu öffnen für diese Kraft, für diese Zivilcourage, die schützende Hand um jemanden zu legen als eine eigene Welt in einer Welt der Gewalt, der gegenseitigen Zerstörung und der Zerstörung der Natur.

Angesichts dieses Bildes gilt nicht der Einwand: Was wir schon tun können, nutzt nichts, ist nur Tropfen auf den heißen Stein. Dass dieser Tropfen fällt, ist entscheidend. Und manchmal, so sagt ein afrikanisches Sprichwort, sind solche Tropfen die Vorboten eines befreienden Regens.

Aber auch wenn dies nicht der Fall sein sollte – keine dieser Szenen ist, auch wenn die Geschichte darüber hinweggeht, jemals verloren, jedenfalls nicht in den Augen Gottes. Gott sucht alle diese Augenblicke der Solidarität zusammen, Gott sammelt sie ein und lässt nichts davon untergehen.

Eigene Vorarbeiten

- Die Entgrenzung zum Fremden als Bedingung christlichen Glaubens und Handelns, in: ders. (Hg.), Die Fremden, Düsseldorf 1988, 240–301.
- Im Brennpunkt: Stigma. Gezeichnete brauchen Beistand, Frankfurt a. M. 1993.
- Ursprungscharisma im Kontext der Zeit. Johannes von Gott und Identität seines Ordens, in: Orientierung 58 (1994) 23/24, 255–261.
- In der Sünde auf dem Weg der Gnade, in: Jahrbuch für Biblische Theologie Band 9 (Sünde und Gericht), Neukirchen-Vluyn 1994, 235–259.
- Doppelte Subjektorientierung in der Memoria Passionis. Elemente einer Pastoraltheologie nach Auschwitz, in: Ottmar Fuchs/Reinhold Boschki/Britta Frede-Wenger (Hg.), Zugänge zur Erinnerung. Bedingungen anamnetischer Erfahrung. Studien zur subjektorientierten Erinnerungsarbeit, Münster 2001, 309–345.
- Schuldbewusstsein als praktisch-hermeneutische Kategorie zwischen Geschichte und Verantwortung, in: Rainer Bendel (Hg.), Die katholische Schuld? Katholizismus im Dritten Reich – Zwischen Arrangement und Widerstand, Münster 2002, 274–307.
- Aspekte einer praktischen Theologie der „Stellvertretung", in: J. Christine Janowski, Bernd Janowski, Hans P. Lichtenberger (Hg.), Stellvertretung. Theologische, philosophische und kulturelle Aspekte. Band 1: Interdisziplinäres Symposion Tübingen 2004, Neukirchen-Vluyn 2006, 227–264.

– Wider das Totschweigen des politischen Kampfes!, in: Rainer Bucher, Rainer Krockauer (Hg.), Pastoral und Politik, Wien 2006, 335–353.
– Das Jüngste Gericht. Hoffnung auf Gerechtigkeit, Regensburg 2007, 2/2009.
– Die Liturgie des Leibes. Praktische Theologie im Gespräch mit Emmanuel Lévinas, in: Thomas Freyer (Hg.), Der Leib. Theologische Perspektiven aus dem Gespräch mit Emmanuel Lévinas, Ostfildern 2009, 102–144.
– „Unmögliche" Gegenwart der Gabe. Elisabeth und Derrida als akute Provokation, in: Franz Gruber, Christoph Niemand, Ferdinand Reisinger (Hg.), Geistes-Gegenwart. Vom Lesen, Denken und Sagen des Glaubens, Frankfurt a.M. 2009, 155–178
– Wer's glaubt, wird selig. Wer's nicht glaubt, kommt auch in den Himmel, Würzburg 2012, 2. Auflage als Topos TB 2015.
– Der zerrissene Gott. Das trinitarische Gottesbild in den Brüchen der Welt, Ostfildern 3/2014.
– Mitleidbasierte Barmherzigkeit bis ins Gericht, in: George Augustin (Hg.), Barmherzigkeit leben. Eine Neuentdeckung der christlichen Berufung, Freiburg i.Br. 2016, 30–67.
– Sakramente – immer gratis, nie umsonst, Würzburg 2015.

Anmerkungen

1 Vgl. Fuchs, Sakramente.
2 Der Tübinger evangelische Kirchenhistoriker Volker Leppin im Gespräch mit Andreas Main im Deutschlandfunk am 7.3.2016 anlässlich der Publikation seines Buches: Die fremde Reformation. Luthers mystische Wurzeln, München 2016.
3 Vgl. zu diesem Wort von Mario von Galli Johanna Rahner, Kampf um die Deutung, in: Herder Korrespondenz 3/2016, 13–16, 15.
4 Vgl. Fuchs, Doppelte Subjektorientierung, und ders., Schuldbewusstsein.
5 Vgl. Volkmar Joestel, Legenden um Martin Luther. Und andere Geschichten aus Wittenberg, Berlin 1992.

Erinnerungsfest der Gnade

6 Vgl. Bernd Jochen Hilberath, Wolfhart Pannenberg (Hg.): Zukunft der Ökumene. Die „Gemeinsame Erklärung zur Rechtfertigungslehre", Regensburg 1999.
7 Kritisch dazu von evangelischer Seite, Thomas Kaufmann: Nur vordergründig einer lutherischen Position angenähert. in: FAZ, 19. Juni 1999; Ingolf Ulrich Dalferth, Zu eilig beim Betreten ökumenischen Neulands, In: FAZ, 6. August 1999; Albrecht Beutel: Das Luthertum kennt kein zentrales Lehramt, in: FAZ, 10. August 1999; Wilfried Härle, Ökumenische Gegenentwürfe zu wenig berücksichtigt, in: FAZ, 11. November 1999.
8 Andreas Holzem, Christentum in Deutschland 1550–1850. Konfessionalisierung, Aufklärung, Pluralisierung, Bd. 1, Paderborn 2015, 167 und 168.
9 Betrachtet man diese Geschichte aus sakramententheologischer Perspektive, dann handelt es sich buchstäblich um die Einsetzung eines Sakramentes. Denn alle Bedingungen dafür sind gegeben: die Einsetzung durch Jesus Christus, das äußere Zeichen (die Fußwaschung) und die innere Gnade (der Anteil an Christus).
10 Vgl. Fuchs, Der zerrissene Gott.
11 Vgl. Wolfhart Pannenberg, Die Gemeinsame Erklärung, in: Zur Debatte 28 (1998) 4, 4.
12 Es geht hier nicht um eine historische Studie zur Entstehung des Reformationsbegriffs, sondern um seine inhaltliche Korrektur, die-

se allerdings an historischen Beispielen verdeutlicht, siehe unten Kap. Wegweisungen.

13 Vgl. zum Folgenden Andreas Holzem, Christentum in Deutschland 1550–1850. Konfessionalisierung, Aufklärung, Pluralisierung, Bd. 1, Paderborn 2015, 270–273.

14 Vgl. Holzem ebd. 271, der hier Georg Major zitiert bzw. wiedergibt.

15 Vgl. Bernd Hamm, Die Reformation als Medienereignis, in: Jahrbuch für Biblische Theologie 11, Neukirchen-Vluyn 1996, 137–166.

16 Johanna Rahner spricht vom „Exklusionspotential des theologischen Ansatzes Luthers", in: Kampf um die Deutung, in: Herder Korrespondenz 3/2016, 13–16, 14.

17 Zum Gesamtbegriff des Glaubens vgl. Elmar Klinger, Armut. Eine Herausforderung Gottes. Der Glaube des Konzils und die Befreiung des Menschen, Zürich 1990, 95 ff., 100 ff.

18 Vgl. Ottmar Fuchs, Dialog und Pluralismus in der Kirche. Die Kirche als Lernort nicht-hegemonialer, existentiell bezeugter Geltungsansprüche, in: Gebhard Fürst (Hg.), Dialog als Selbstvollzug der Kirche?, Freiburg/Br. 1997, 190–229.

19 Vgl. Ottmar Fuchs, Dabeibleiben oder weggehen? Christen im Konflikt mit der Kirche, München 1989.

20 Martin Luther, zitiert bei Athina Lexutt, Luther und der Islam. beten und büßen statt reden und kämpfen, http://geb.uni-giessen.de/geb/volltexte/2011/8440/pdf/SdF_2011_2_60_71.pdf, Zugriff 1. 6. 2016, 69.

21 Helene Tursten, Tod im Pfarrhaus, München 2002, 155. Zum Verhältnis von Theologie und Kriminalroman, auch zu der Funktion von Kriminalromanen als Zeitsymptomen vgl. Hans-Gerd Janßen, Mord und Totschlag. Die Theologie und der Kriminalroman, in: Orientierung 65 (2001) 217–222.

22 In dem oben gebrachten Zitat aus dem Kriminalroman ist übrigens aufschlussreich, dass hier die Frage nach der Erlösbarkeit von Schuld mit der religiösen Frage nach der Erlösung von den Sünden verbunden wird.

23 Gilbert Keith Chesterton, Pater Brown und das blaue Kreuz, Bergisch Gladbach, o. J., 188 f.; vgl. dazu auch Janßen, Mord 219 f.

24 Werner Berthel, Mit Lupe und Verstand. Zur Figur des Detektivs, in: ders. (Hg.), Die großen Detektive, Frankfurt/M. 1975, 303–316, 313.

25 Vgl. Karim Akerma, Verebben der Menschheit? Neganthropie und Anthropodizee, Freiburg, München 2000.

26 Rolf Löchel in seiner Rezension: Menschenopfer. Karim Akerma „Verebben der Menschheit?"), in: Literaturkritik.de Nr. 1, Januar 2001 (3. Jgg.), Philosophie und Kulturwissenschaft, 2.

27 Vgl. Ottmar Fuchs, Bernd Janowski (Hg.), Klage (Jahrbuch für Biblische Theologie 16), Neukirchen-Vluyn 2001.

28 Vgl. hierzu die einschlägigen Arbeiten von Hans Urs von Balthasar zur Karsamstagschristologie, vgl. ders., Theologische Besinnung auf das Mysterium des Höllenabstiegs, in: ders. (Hg.), Hinabgestiegen in das Reich des Todes, Freiburg/Br. 1982, 84–98.

29 Vgl. dazu Helmut Merklein, Der Sühnegedanke in der Jesustradition und bei Paulus, in: Albert Gerhards, Klemens Richter (Hg.), Das Opfer: Biblischer Anspruch und liturgische Gestalt, Freiburg/Br. 2000, 59–91, 83.

30 Ebd. 88.

31 Ebd. 87.

32 Rainer Bucher, Neue Machttechniken in einer alten Gnadenanstalt?, in: Rainer Bucher, Rainer Krockauer (Hg.), Macht und Gnade. Untersuchungen zu einem konstitutiven Spannungsfeld der Pastoral, Münster 2005, 189.

33 Vgl. dazu Michael Welker, Universalität Gottes und Relativität der Welt, Neukirchen-Vluyn 1981; Rainer Bucher, Nietzsches Mensch und Nietzsches Gott. Das Spätwerk als philosophisch-theologisches Programm, Frankfurt ^{2}1993, 268 ff.

34 Vgl. Fuchs, Sakramente 113–119.

Vertiefungen

35 Zur notwendigen Verbindung der Sündensensibilität mit der Leidsensibilität und zum damit verbundenen elementaren Gegensatz zwischen Opfer und Täter vgl. Ottmar Fuchs, Wie verändert sich die Pastoraltheologie, wenn sie ihren eigenen inhaltlichen und methodischen Kernbereich im Horizont der Geschichte und Gegenwart „Israel" begreift?, in: Gerhard Langer, Gregor Maria Hoff (Hg.), Der Ort des Jüdischen in der katholischen Theologie, Göttingen 2009, 157–203.

36 Vgl. Herbert Marcuse, Zum Begriff der Negation in der Dialektik, in: ders., Ideen zu einer kritischen Theorie der Gesellschaft, Frankfurt a. M. 1969, 185–190, 188.

37 Vgl. die entsprechende Hegelkritik Michael Welkers, in: Gottes Geist. Theologie des Heiligen Geistes, Neukirchen-Vluyn 1992, 279, vgl. auch 272 ff.

38 Vgl. Ottmar Fuchs, Plädoyer für eine radikale Pluralitätsethik, in: Zeitschrift für Missionswissenschaft und Religionswissenschaft 77 (1993) 1,62–77.

39 Vgl. Otto Hermann Pesch, Hinführung zu Luther, Mainz 2/1983, 190 ff; ders., Gottes Gnadenhandeln als Rechtfertigung des Menschen, in: Johannes Feiner, Magnus Löhrer (Hg.), Mysterium Salutis, Band IV/2 (Das Heilsgeschehen in der Gemeinde. Gottes Gna-

denhandeln), Einsiedeln 1972, 838–920; zur Thematik vgl. auch Hans Küng, Rechtfertigung. Die Lehre Karl Barths und eine katholische Besinnung, Einsiedeln 4/1964.

40 Vgl. Pesch, Hinführung 190 und 194.

41 Ebd. 191.

42 Gunda Schneider-Flume, Die Identität des Sünders. Eine Auseinandersetzung theologischer Anthropologie mit dem Konzept der psychosozialen Identität Erik H. Eriksons, Göttingen 1985, 26.

43 Pesch, Hinführung 194; vgl. Schneider-Flume, Identität 36.

44 Pesch, Hinführung 195.

45 Ingolf U. Dalferth, Umsonst. Eine Erinnerung an die kreative Passivität des Menschen, Tübingen 2011, 71 und 73.

46 In ähnlichem Kontext Georges Bernanos, Die großen Friedhöfe unter dem Mond, München 1949, 281; vgl. auch den entsprechenden Protest der Heiligen bei Charles Péguy, Das Mysterium der Hoffnung (Paris 1929), Wien [3]1983; vgl. dazu Fuchs, Das Jüngste Gericht 157–160.

47 Vgl. Fuchs, Der zerrissene Gott 45–126.

48 Vgl. Pesch, Hinführung 192. Zur radikalen Sündigkeit des Menschen als einer Bekenntnis- und Gebetswirklichkeit des gläubigen Menschen vor Gott vgl. ebd. 197–198; auch Heinz Schütte, Glaube im ökumenischen Verständnis, Paderborn 4/1994, 96ff.

49 Vgl. Andreas Holzem, Christentum in Deutschland 1550–1850. Konfessionalisierung, Aufklärung, Pluralisierung, Bd. 1, Paderborn 2015, 270–273.

50 Pesch, Hinführung 196–197.

51 Jürgen Werbick, Die nach Gerechtigkeit hungern und dürsten, in: Peter Eicher, Norbert Mette (Hg.), Auf der Seite der Unterdrückten? Theologie der Befreiung im Kontext Europas, Düsseldorf 1989, 54–89, 85.

52 Ebd. 85–86.

53 Vgl. Wolfgang Schmidbauer, Alles oder nichts. Über die Destruktivität von Idealen, Reinbek 1980.

54 Vgl. Michael Schüßler, „… zu retten, nicht zu richten" (Joh 12, 27/GS 3). Urteilsenthaltung als Orientierungsfigur christlicher Existenz, erscheint in: Theologische Quartalschrift 196 (2016) 3.

55 Vgl. Manfred Josuttis, Gesetz und Evangelium. Über den anthropologischen Sinn einer theologischen Unterscheidung, in: Jahrbuch der Gesellschaft für Niedersächsische Kirchengeschichte 89 (1991), 421–432, 432.

56 Vgl. Pesch, Hinführung 95 und 101 f, auch 122.

57 Vgl. ebd. 101–102, hier im Anschluss an Johann Baptist Metz, Der Unglaube als theologisches Problem, in: Concilium 1 (1965) 484–492.

58 Auch Luther ist sich bewusst, dass es den reinen Glauben als unbedingtes Vertrauen in Gott von Seiten des Menschen kaum gibt, zumal ein solches Selbstbewusstsein bereits zur Demut des Glaubens kontraeffektiv wäre: „Die wahrhaft Glaubenden meinen nicht, dass sie glauben – so wie die besten Künstler immer Fehler an ihrem Werk sehen im Gegensatz zu den Pfuschern ...", zitiert bei Hellmut Diwald, Luther. Eine Biographie, Bergisch Gladbach 1982, 372. Zur Demut im Glauben vgl. auch Kurt-Victor Selge, Luther und die Macht des Bösen, in: Carsten Colbe, Wilhelm Schmidt-Biggemann (Hg.), Das Böse. Eine historische Phänomenologie des Unerklärlichen, Frankfurt a. M. 1990, 165–186, 175f.

59 Zum Verhältnis von Symbol und Diabol vgl. Hermann Stenger, Symbole und Diabole. Einige Überlegungen zur Glaubensästhetik, in: ders., Verwirklichung unter den Augen Gottes. Psyche und Gnade, Salzburg 1985, 105–129.

60 Vgl. Diwald, Luther 168ff; Selge, Macht des Bösen 167ff.

61 Selbstverständlich konnte Luther diesen Glauben vom damaligen gesellschaftlichen und religiösen Gesamtkontext her nur als den explizit thematisch christlichen Glauben verstehen. Wie viele seiner christlichen Zeitgenossen, aus welchen kirchlichen Lagern auch immer, nahm er auch eine entsprechende Haltung den Juden gegenüber ein: vgl. Ernst L. Ehrlich: Luther und die Juden, in: Herbert A. Strauss, Norbert Kampe (Hg.), Antisemitismus. Von der Judenfeindschaft zum Holocaust, Bonn 1985, 47–65. Genau hier liegt das Problem, das für beide Konfessionen zu klären ist: in der katholischen Kirche vornehmlich im Horizont ihres Kirchenbegriffes, in den protestantischen Kirchen vornehmlich im Kontext ihres Glaubensverständnisses.

62 Vgl. Diwald, Luther 65 und 159–160.

63 Ebd. 170.

64 Vgl. Johannes Wirsching, Kirche und Pseudokirche. Konturen der Häresie, Göttingen 1990, 18f und 180ff; Wolfgang Lück, Lebensform Protestantismus. Reformatorisches Erbe in der Gegenwart, Stuttgart 1992, 25ff und 111.

65 Die hier geäußerte Kritik trifft auch theologische Glaubenskonzepte, wenn sie nicht ihre eigene z. B. eurozentrische oder rationalistische Begrenztheit mitreflektieren. Zur diesbezüglichen Problematik des Bultmann'schen Glaubensbegriffs vgl. Ottmar Fuchs, Entsicherung statt Entmythologisierung!, in: Una Sancta 45 (1990) 1, 28–38, 29f, 35f.

66 Vgl. dazu Fuchs, Entgrenzung 269–280.

67 Vgl. Heinrich Denzinger, Peter Hünermann, Kompendium der Glaubensbekenntnisse und kirchlichen Lehrentscheidungen, Freiburg/Br. 1991 (DH), 1351.

68 Dass die rigoristische Interpretation des Cyprian-Satzes „Extra ecclesiam nulla salus" lehramtlich durch Pius XII. im Jahre 1947 (DH 3866–3873) verurteilt wurde, ist wenig bekannt.

69 Vgl. dazu den Beitrag von Jan-Heiner Tück, Extra ecclesiam nulla salus, in: ders. (Hg.), Erinnerung an die Zukunft. Das Zweite Vatikanische Konzil, Freiburg/Br. 2012, 202–247.

70 Vgl. Erich Schrofner, Christentum und Menschenwürde, in: Elmar Klinger, Klaus Wittstadt (Hg.), Glaube im Prozess. Christsein nach dem II. Vatikanum, Freiburg/Br. 1984, 741–756; Herlinde Pissarek-Hudelist, Universaler Heilsoptimismus – Denkanstoß für den Religionsunterricht?, in: ebd. 713–740; Leonardo Boff, Gott kommt früher als der Missionar, Düsseldorf 2/1992.

71 Vgl. Kirchenkonstitution des 2. Vatikanums Nr. 1.

72 Vgl. dazu den Kommentar von Roman A. Siebenrock, in: Peter Hünermann, Bernd Jochen Hilberath (Hg.), Herders Theologischer Kommentar zum Zweiten Vatikanischen Konzil 3, Freiburg i. Br., Basel, Wien 2005, 591–693.

73 Vgl. Bernd Hamm, Zwinglis Reformation der Freiheit, Neukirchen-Vluyn 1988, 38–41.

74 Ebd. 41.

75 Vgl. ebd.

76 Zum Verhältnis von radikaler Rechtfertigungstheologie und ebenso radikaler Option für die Unterdrückten und Ausgeschlossenen vgl. Elsa Tamez, Gegen die Verurteilung zum Tod. Paulus oder die Rechtfertigung zum Glauben aus der Perspektive der Unterdrückten und Ausgeschlossenen, Luzern 1998. Der kontrovers-theologische Disput um die gemeinsame Erklärung der Kirchen zur Rechtfertigungstheologie hat diesen Zusammenhang zwischen Rechtfertigungslehre und universaler Diakonie im Sinne der Rechtfertigung als Behauptung von Leben für alle nur mit wenigen Ausnahmen angesprochen: vgl. Elsa Tamez, Die Rechtfertigung durch den Glauben aus der Sicht der Ausgeschlossenen, in: Ökumenische Rundschau 48 (1999) 3, 324–340.

77 Michael Welker spricht von dem das Sünden vergebende Wirken des Geistes Gottes „unterhalb der Ebene der individuellen und gesellschaftlichen Erneuerungsmöglichkeiten", in: Gottes Geist. Theologie des Heiligen Geistes, Neukirchen-Vluyn 1992, 292, vgl. 295.

78 Ralf Miggelbrink, Essen als Realsymbol der Fülle, in: Theologisch-praktische Quartalschrift 162 (2014) 2, 115–122, 117.

79 Vgl. Ulrike Bechmann, Joachim Kügler, Kind und Reich Gottes. Bilder von Glaube, Liebe und Hoffnung, Stuttgart 2015, 47–53.

80 Vgl. Hans-Joachim Sander, Macht in der Ohnmacht. Eine Theologie der Menschenrechte, Freiburg/Br. 1999.

81 Vgl. Welker, Gottes Geist 241 und 261.
82 vgl. ebd. 285 und 311.
83 Vgl. Karl-Heinz Ohlig, Fundamentalchristologie. Im Spannungsfeld von Christentum und Kultur, München 1986.
84 Vgl. Ruth Fehling, „Jesus ist für unsere Sünden gestorben." Eine praktisch-theologische Hermeneutik, Stuttgart 2010.
85 Vgl. Fuchs, Wer's glaubt, wird selig 127–130.
86 Vgl. Thomas Markus Meier, Dürrenmatt und der Zufall, Ostfildern 2012, 151.
87 Vgl. Paul Michael Zulehner u. a., Solidarität. Option für die Modernisierungsverlierer, Innsbruck/Wien 1996, 215 ff.
88 Andreas Holzem, Christentum in Deutschland 1550–1850. Konfessionalisierung, Aufklärung, Pluralisierung, Bd. 1, Paderborn 2015, 273.
89 Ebd. 170.
90 Ebd. 170.
91 Vgl. ebd. 165.
92 Ebd. 167.
93 Quentin Meillassoux, Nach der Endlichkeit, Zürich, Berlin 2008, 23, 45. Den Hinweis auf Meillassoux verdanke ich Michael Schüßler, Spekulativer Realismus bei Quentin Meillassoux. Eine Provokation theologischen Denkens nach der Postmoderne, in: Theologische Quartalschrift 195 (2015) 4, 361–378.
94 Vgl. Meillassoux, Endlichkeit 17 und 165 ff.
95 Ebd. 47.
96 Vgl. dazu Fuchs, Gabe 385, 398–395.
97 Vgl. ebd. 300–304.
98 Vgl. Erich Fried, Fall ins Wort. Ausgewählte Gedichte 1944 bis 1983. Frankfurt a. M. 1985, 497.
99 Vgl. Ulrich Beck, Elisabeth Beck-Gernsheim, Das ganz normale Chaos der Liebe, Hamburg 1990.
100 Jean-Luc Marion, Jenseits von Frage und Antwort, in: Zur Debatte 42 (2012) 7, 17–19, 17, Sp. 3.
101 Ebd.
102 Ebd. Sp. 4.
103 Vgl. ebd. 19, Sp. 1.
104 Ebd. Sp. 2.
105 Helmut Merklein, Studien zu Jesus und Paulus, Teil 2, Tübingen 1998, VIII.
106 Diesen Hinweis auf das Zitat von Frère Luc, einem der Patres, die von islamischen Fundamentalisten in Algerien getötet wurden, verdanke ich dem Vortrag „Freiheitsräume – Bindungsräume", den Ruth Fehling auf dem Symposion zum Thema „Freiheit und Theologie" in Vierzehnheiligen (13.–15. 7. 2012) gehalten hat.

107 Vgl. Jacob Taubes, Die politische Theologie des Paulus, München 1993, 40.
108 Ebd. 55 und 57.
109 Vgl. Alain Badiou, Paulus. Die Begründung des Universalismus, München 2002.
110 Taubes, politische Theologie 55.
111 Vgl. Badiou, Paulus 161–172.
112 Vgl. ebd. 177.
113 Vgl. zu diesen Vokabeln ebd. 142.
114 Vgl. ebd. 144f.
115 Vgl. ebd. 153.
116 Vgl. ebd. 142.
117 Vgl. ebd. 92 und 86.
118 Badiou, Paulus. 134.
119 Vgl. ebd. 134.

Reformatorische Wegweisungen

120 Vgl. Georges Bernanos, Die großen Friedhöfe unter dem Mond, München 1949, 299.
121 Zitiert aus Schriften des Nachlasses bei Christian Bauer, Ortswechsel der Theologie, M.-Dominique Chenu im Kontext seiner Programmschrift „Une école de théologie: Le Saulchoir", Bd. 1, Berlin 2010, 214.
122 Chenu, zitiert aus Schriften des Nachlasses bei Bauer, Ortswechsel 417.
123 Zur pastoraltheologischen Hermeneutik der Begegnung mit historischen Gestalten und zu Ausführlicherem über Elisabeth vgl. Fuchs, „Unmögliche" Gegenwart , und ders., Liturgie des Leibes.
124 Otto Gerhard Oexle, Armut und Armenfürsorge um 1200. Ein Beitrag zum Verständnis der freiwilligen Armut bei Elisabeth von Thüringen, in: Sankt Elisabeth. Fürstin – Dienerin – Heilige, München 1993, 78–100, 80f.
125 Diesen Hinweis verdanke ich Heinz Gunkel aus dem Manuskript seiner Predigt am 22.5.2015 in der Predigerkirche von Eisenach. Mit Bezug auf den Beitrag: Historische Randnotiz – Luthers Kritzeleien in der Kaiserchronik, in: Die WELT vom 21.8.2013 (mit Bezug auf die Forschungen von Ulrich Bubenheimer).
126 Volker Leppin, „So wurde uns anderen die Heilige Elisabeth ein Vorbild". Martin Luther und Elisabeth von Thüringen, in: Dieter Blume, Matthias Werner (Hg.), Elisabeth von Thüringen – eine europäische Heilige (Aufsatzband zur dritten Thüringer Landesausstellung 2007), Petersberg 2007, 449–458, 451.

127 Ebd.
128 Ebd. 450.
129 Ebd.
130 Burkhard Clasen, Martin Luther und die heilige Elisabeth, in: Luther 72 (2001), 161–163.
131 Vgl. Leppin, Elisabeth 452.
132 Vgl. ebd. 454.
133 Zitiert bei Matthias Werner, Elisabeth von Thüringen, Franziskus von Assisi und Konrad von Marburg, in: Blume, Werner (Hg.), Elisabeth 109–135, 127.
134 Vgl. Thomas Freyer, Die Öffnung der Transzendenz. Thesen zum Logos der Theologie anhand der Philosophie von Emmanuel Lévinas, in: Zeitschrift für Katholische Theologie 114 (1992) 140–152, 147.
135 Vgl. Thomas Freyer, Alterität und Transzendenz, in: Berliner Theologische Zeitschrift 13 (1996) 84–110, 107.
136 Vgl. Meister Eckhart, Werke I (übersetzt und kommentiert von Josef Quint bzw. Niklaus Largier), München 1993, 357–365.
137 Dietmar Mieth, Gottesliebe – Menschenliebe. Der Beitrag der Mystik zur Kunst des Liebens, in: Zeitwende 55 (1984) 4, 203–219, 213–214.
138 Leppin, Elisabeth 454.
139 Ralf Dziewas, Heil ohne gute Werke? – Zur evangelischen Neuorientierung der Diakonie, in: Kollegium der Theologischen Hochschule Elstal (Hg.), Reformation. Elstaler Impulse, Elstal 2016, 23–25, 23.
140 Ebd.
141 Ebd. 24.
142 Ebd. 25.
143 Vgl. Leppin, Elisabeth 456, Anm. 33.
144 Diese Projektion auf Franziskus trifft tatsächlich Elisabeths Faszination von den frühen Franziskanern, die durch die römisch-klerikale Domestizierung der franziskanischen Bewegung gestoppt und bekämpft wurden. Es ist insbesondere der politischen Konstellation und vor allem dem Geschick Konrads von Marburg zu verdanken, dass Elisabeth trotzdem so zügig heiliggesprochen wurde.
145 So verrückt erscheint sie, dass sie aus heutiger Perspektive als „pathologisch" einzuschätzen wäre, vgl. Wolfram Blödorn, Elisabeth von Thüringen. Die Entleerung einer Frau zur Heiligen hin, in: Joachim Kügler, Lukas Bormann (Hg.), Töchter (Gottes). Studien zum Verhältnis von Kultur, Religion und Geschlecht, Berlin 2008, 113–129.
146 Ida Friederike Coudenhove, Gespräch über die Heiligkeit. Ein Dialog um Elisabeth von Thüringen, Frankfurt a. M. ^{7}1933, 5.

147 Vgl. dazu Ottmar Fuchs, Das christliche pro-Testimonium zwischen Kontinuität und Differenz, in: Rainer Bucher, Rainer Krockauer (Hg.), Prophetie in einer etablierten Kirche?, Münster 2004, 301–318.

148 Vgl. Maria Pia Alberzoni, Elisabeth von Thüringen, Klara von Assisi und Agnes von Böhmen, in: Blume, Werner (Hg.), Elisabeth 47–55, 48 und 50.

149 Ebd. 50.

150 Vgl. Werner, Elisabeth 126.

151 Ebd. 126.

152 Vgl. ebd. 123 ff.

153 Vgl. ebd. 116.

154 Ebd. 120.

155 Vgl. Stefan Tebruck, Milicia Christi – imitatio Christi, Kreuzzugsidee und Armutsideal am thüringischen Landgrafenhof zur Zeit der Heiligen Elisabeth, in: Blume, Werner (Hg.), Elisabeth 137–152.

156 Vgl. Werner, Elisabeth 123. Zur höchst ambivalenten Wirkung des Konrad von Marburg auf Elisabeth vgl. Maria Maresch, Elisabeth von Thüringen. Schutzfrau des deutschen Volkes, Bonn 1932, 147–151; Blödorn, Elisabeth 116–120. Elisabeth selbst sagt: „Wenn ich Trost hätte haben wollen, hätte ich einem Bischof oder Prälaten Gehorsam geloben können. Ich habe ihn aber dem Meister Konrad gelobt, der nichts hat."

157 Coudenhove, Gespräch 83.

158 Ebd. 50.

159 Es wäre interessant, hier den Verschwendungsdiskurs von Georges Bataille anzuschließen, vgl. Robert Ochs, Verschwendung. Die Theologie im Gespräch mit Georges Bataille, Frankfurt a. M. 1995.

160 Reinhold Schneider, Elisabeth von Thüringen, Frankfurt a. M. 1997 (1956: im von Theodor Heuss 1956 herausgegebenen ersten Band der „Großen Deutschen" erstmals publiziert), 66–67.

161 Es wäre ein Eigenes, die strukturpolitische Kraft der Elisabeth in ihrer Zeit zu entfalten, vgl. Maresch, Elisabeth 68. Zur politischen Gesinnung von Elisabeth vgl. Irene Leicht, Klara von Assisi, Elisabeth von Thüringen und Agnes von Prag im Kontext der franziskanischen Armuts- und Bußbewegung, in: Adelheid M. von Hauff (Hg.), Frauen gestalten Diakonie. Bd. 1: Von der biblischen Zeit bis zum Pietismus, Stuttgart 2007, 207–229. Vgl. auch Schneider, Elisabeth 95: „Ihr Leben ist damit exemplarisch praktizierte Hofkritik."

162 Vgl. Werner, Elisabeth 117.

163 Schneider, Elisabeth 59.

164 Hans Pörnbacher, Sankt Elisabeth, die Mutter der Armen und der Kranken, in: Klerusblatt (2007) 12, 306–307, 307.

165 Schneider, Elisabeth 88.

166 Coudenhove, Gespräch 76.

167 Leppin, Elisabeth 454.

168 Coudenhove, Gespräch. 18.

169 Ebd. 20.

170 Vgl. Ottmar Fuchs, Familie und Gemeinde: Vertrauensquellen überbrückender Liebe?, in: Theologische Quartalschrift 191 (2011) 1, 25–45.

171 Alban Stolz, Die Heilige Elisabeth, Freiburg i. Br. 1923, 69.

172 Vgl. dazu Maresch, Elisabeth 158f.

173 Werner, Elisabeth 120.

174 Ebd.

175 Ebd. 122.

176 Vgl. ebd. 120 und 123.

177 Vgl. Schneider, Elisabeth 50: „Immer verletzte sie Liebe aus Liebe ...". Ihre Kinder haben offensichtlich diese auf den ersten Blick an ihnen verletzte Liebe ihrerseits als Zuspruch und Anspruch für ihr eigenes Leben erfahren: die heilige Gertrud von Altenberg, eine Prämonstratenserin, ist Elisabeths Tochter, vgl. Pörnbacher, Sankt Elisabeth 307.

178 Vgl. Coudenhove, Gespräch 68.

179 Vgl. ebd. 69f.

180 Stolz, Heilige Elisabeth 68.

181 Coudenhove, Gespräch 80.

182 Ebd. 81–82.

183 Coudenhove, Gespräch 82–83.

184 Dieses „Begehen" bezieht sich nicht nur auf die Praxis dessen, was man alltagssprachlich unter Handeln versteht, sondern auch auf die symboldramatische Praxis in Kult und Liturgie, die selbstverständlich auch ein Handeln ist: Vgl. dazu aus religionswissenschaftlicher Perspektive (hier bezogen auf den heiligen Ort Hebron) Ulrike Bechmann, Gestörte Grabesruhe, Berlin 2007, 11f. Zum Tun als praktisch hermeneutischen Akt vgl. Ottmar Fuchs, Sucht ihn in Galiläa!, in: Franz Kaspar, Dieter Zeller (Hg.), Predigten zum Lesejahr B, Mainz 1978, 48–52; vgl. Christian Bauer, „Zurück nach Galiläa ..." Praktiken spätmoderner Nachfolge Christi auf den Spuren des Markusevangeliums, in: Joachim Kügler, Eric S. Onomo, Stephanie Feder (Hg.), Bibel und Praxis, Berlin 2011, 13–36.

185 Vgl. Ottmar Fuchs, Gotteswort und Predigt. Je dichter am biblischen Text, desto näher am Leben der Menschen – ein homiletisches Prinzip!, in: Franz-Josef Ortkemper, Florian Schuller (Hg.),

Berufen, das Wort Gottes zu verkündigen, Stuttgart 2008, 85–104, 116–118.

186 Ludwig Wittgenstein, zitiert bei Rush Rhess (Hg.), Ludwig Wittgenstein: Porträts und Gespräche, Frankfurt a. M. 1997, 139.

187 Vgl. Ottmar Fuchs, Martyria und Diakonia: Identität christlicher Praxis, in: Herbert Haslinger, u. a. (Hg.), Praktische Theologie. Grundlegungen, Mainz 1999, 178–197, 181 ff.

188 Vgl. Ottmar Fuchs, Stigmatisierung: Kennzeichen Christi und christlichen Lebens, in: Bibel und Kirche 48 (1993) 4, 197–205.

189 Vgl. Thomas und Gertrude Sartory (Hg.), Franz von Assisi. Geliebte Armut, Freiburg/Br. 1977, 119 f.

190 Vgl. Fuchs, Sakramente 20–48.

191 Vgl. Ottmar Fuchs, Didaktische Hinweise für Kompetenzerfahrungen im Trainingskurs mit Video-Recorder, in: Rolf Zerfass, Franz Kamphaus (Hg.), Die Kompetenz des Predigers im Spannungsfeld zwischen Rolle und Person, Münster 1980, 136–149.

192 Vgl. Ottmar Fuchs, Die „Heiligenverehrung" als interpersonale Gestalt der Erinnerung, in: Jahrbuch für biblische Theologie 22 (2007), Die Macht der Erinnerung, Neukirchen-Vluyn 2008, 333–359.

193 Coudenhove, Gespräch 86.

194 Vgl. dazu Ottmar Fuchs, Wohin mit der „Angst im Abendland"?, in: Adrian Loretan, Franco Luzatto (Hg.), Gesellschaftliche Ängste als theologische Herausforderung, Münster 2004, 119–135; ders., Die Kirchen vor der missionarischen Herausforderung durch HIV/AIDS, in: Francis X. D'Sa, Jürgen Lohmayer (Hg.), Heil und Befreiung in Afrika, Würzburg 2007, 184–202.

195 Vgl. dazu Fuchs, Angst 124; ders., Solidarisierung bis zum äußersten!?, in: Franz Weber (Hg.), Frischer Wind aus dem Süden, Innsbruck 1998, 119–135; vgl. dazu Thomas Scheffler, Kriegerische und zivile Märtyrerdiskurse im Islam, in: Theologie der Gegenwart 51 (2008) 3, 184–195; Anna L. Peterson, Märtyrertum und christliche Identität in Lateinamerika (1970–1990), in: ebd. 196–210.

196 Zur höchst ambivalenten Weise, wie diese Frau ihrer selbst enteignet wurde, wie sie noch über den Tod hinaus ihren Leib in die Reliquien herzugeben hat, vgl. Blödorn, Elisabeth 125–128.

197 Tullo Goffi, Umweg und Irrwege des christlichen Gehorsams, in: Concilium 16 (1980) 11, 605–611, 608.

198 Sarah Coakley, Macht und Unterwerfung. Spiritualität von Frauen zwischen Hingabe und Unterdrückung, Gütersloh 2007, 63.

199 Ebd. 60.

200 Ebd. 61.

201 Ebd. 63.

202 Ebd. 215.

203 Vgl. ebd. 118f. Vgl. Britta Müller-Schauenburg, Religiöse Erfahrung, Spiritualität und theologische Argumentation. Gotteslehre und Gottebenbildlichkeit bei Gregorios Palamas, Stuttgart 2011.

204 Vgl. Coakley Macht 206.

205 Ebd. 208.

206 Vgl. ebd. 208 (im Anschluss an Judith Butler).

207 Vgl ebd. 211.

208 Schneider, Elisabeth 70–71.

209 Vgl. Coudenhove, Gespräch 57.

210 Ebd. 59–60.

211 Vgl. dazu Ottmar Fuchs, Gott in Dunkelheit erahnen, in: Bibel und Kirche 63 (2008) 1, 22–27.

212 Vgl. Fuchs, Ursprungscharisma.

213 Walter Nigg, Ein Heiliger aus schlechtem Holz. Johannes von Gott, Regensburg 1985, 12. Vgl. zum Folgenden auch José Cruset, Das heilige Abenteuer des Johannes von Gott, Graz 1967.

214 Heinrich Böll, zitiert nach: Herbert Vincon, Spuren des Wortes. Biblische Stoffe in der Literatur, Stuttgart 1988, 492.

215 Nigg, Heiliger 29.

216 Vgl. zu diesem Begriff in unserem Zusammenhang Fuchs, Brennpunkt: Stigma 25–30.

217 Nigg, Heiliger 25–26; vgl. zum Bild des Feuers und des Sturmwindes auch Cruset, Heiliges Abenteuer 101 ff.

218 Vgl. ebd. 111.

219 Nigg, Heiliger 36.

220 Heinz Polednik, Die Barmherzigen Brüder in Österreich 1918–1977, Wien 1977, 10.

221 Ebd. 12.

222 Hermenegild Stromayer, Der Hospitalorden des Hl. Johannes von Gott, Regensburg 1978, 18.

223 Cruset, Heiliges Abenteuer 133; in konzeptioneller Entfaltung vgl. dazu Werner Leibbrand, Der göttliche Stab des Äskulap. Eine Metaphysik des Arztes, Salzburg 1939, 13–28, 469ff.

224 Nigg, Heiliger 36.

225 Vgl. Tomas Halik, Geduld mit Gott. Leidenschaft und Geduld in Zeiten des Glaubens und Unglaubens, Freiburg/Br. ^{2}2011, 46–71.

226 Neben vielen anderen könnten erinnert werden Albert Schweitzer, vgl. Ottmar Fuchs, Wider das Totschweigen des politischen Kampfes!, in: Rainer Bucher, Rainer Krockauer (Hg.), Pastoral und Politik, Münster 2006, 335–353; Vinzenz Pallotti, vgl. Ottmar Fuchs, Vinzenz Pallotti – Zeuge des Unendlichkeitsgeheimnisses der Liebe Gottes, in: Pallotti-Institut Vallendar (Hg.), Unio – unsere Art, Kirche zu sein, Friedberg 2013, 287–295; Christian de Chergé, vgl. Fuchs. Wer's glaubt, wird selig 159–168.

227 Karl Rahner, Aufgang des Lichts, in: Michael Plattig (Hg.), Therese von Lisieux. Zur Aktualität einer Heiligen, Würzburg 1997, 27.

228 Halik, Geduld mit Gott 51.

229 Vgl. ebd. 57ff, 64ff.

230 Ebd. 52.

231 Vgl. Bernd Jochen Hilberath (Hg.), Der Weltgebetstag der Frauen. Situation und Zukunft der Ökumene, mit Beiträgen von Helga Hiller u.a. (Tübinger Ökumenische Reden 2), Münster 2006.

232 Vgl. die entsprechenden Texte, in: Theologische Quartalschrift 183 (2003) Heft 3.

233 Vgl. Ulrike Bechmann, Joachim Kügler, Gerechtigkeit mit offenen Augen. Das Gleichnis von den Arbeitern im Weinberg (Mt 20,1–16), Stuttgart 2016.

234 Vgl. Ulrike Bechmann, Der Weltgebetstag der Frauen – Praxis interkonfessioneller Arbeit, in: Diakonia 25 (1994) 125–130; dies., Frauen bewegen Ökumene, in: Una sancta 53 (1998) 4, 311–317; dies., Unser Volk speisen, heilen und befreien. Reflexionen zum Weltgebetstag der Frauen, in: Jahrbuch der Europäischen Gesellschaft für theologische Forschung von Frauen, Bd. 1 (1993) 111–138; in der Zusammenfassung der Anfänge und frühen Geschichte der Weltgebetstagsbewegung (mit vielen Quellentexten) vgl. Helga Hiller, Ökumene der Frauen, Anfänge und frühe Geschichte der Weltgebetstagungsbewegung in den USA, weltweit und in Deutschland, Stein b. Nürnberg 1999.

235 Vgl. Ute Rieck, Empowerment, Münster 2008, 266–297; Christiane Bundschuh-Schramm, Einheit und Vielheit der Kirchen. Ökumene im konziliaren Prozess, Stuttgart 1993.

236 Vgl. Karl Lehmann, Wolfhart Pannenberg (Hg.), Lehrverurteilungen – kirchentrennend? Bd. I (Rechtfertigung, Sakramente und Amt), Freiburg i.Br./Göttingen 1986, 46–47.

237 Vgl. Heidemarie Winkel, Geschlechtercodes und religiöse Praxis. Arabische Christinnen zwischen patriarchaler Leitkultur und Selbst-Autorisierung, Würzburg 2010, bes. 151–240.

238 Zur Auseinandersetzung um den Weltgebetstag der Frauen 1994 aus Palästina vgl. Stefanie Klein, Dokumentation – Weltgebetstag 1994 aus Palästina (hg. vom Deutschen Weltgebetstags-Komitee), Düsseldorf 1995; vgl. auch Ulrike Bechmann, Gespür für die Leidenden, in: Junge Kirche 54 (1993), 663–670; Ottmar Fuchs, Die Stimme der Leidenden ist heilig!, in: Bibel und Liturgie 67 (1994) 2/3, 127–142; Uwe Gräbe, Kontextuelle palästinensische Theologie, Erlangen 1999, 119ff., 230–275; Ulrike Bechmann, Ottmar Fuchs (Hg.), Von Nazareth bis Bethlehem: Hoffnung und Klage, Münster 2002.

239 Vgl. Ottmar Fuchs, Prophetische Kraft der Jugend?, Freiburg 1986, 46–72. Zur prophetischen Profilierung der Seelsorge vgl. auch Noris Nauer, Seelsorge, Stuttgart 2007. Insgesamt zum Verhältnis von Prophetie und Pastoral vgl. Kornelis H. Miskotte, Pastor en Prophet. Over de andere kant van pastorat, ten Have/Baren 1992.

240 Vgl. Otto Riedel, „Ich bin bereit, noch in dieser Stunde zu sterben", in: Deutsche Tagespost vom 4. 4. 1996, Nr. 41,3 (zu diesem und zu den folgenden Zitaten).

241 Vgl. Thomas Breuer, Verordneter Wandel?, Mainz 1992, 365–374.

242 Vgl. Dorothee Steiof, Verherrlichung Gottes. Madeleine Delbrêl und alttestamentliche Texte, Stuttgart 2013, 181–370.

243 Madeleine Delbrêl, Auftrag des Christen in einer Welt ohne Gott, Freiburg ^{2}2000, 176.

244 Zitat aus Annette Schleinzer, Madeleine Delbrêl, Gott einen Ort sichern, Ostfildern ^{2}2003, 118f.

245 Steiof, Verherrlichung 265.

246 Madeleine Delbrêl, Wir die Kommunisten. Diagnosen, Einsiedeln 1975, 167.

247 Delbrêl, Auftrag 140, vgl. auch Katja Boehme, Gott aussähen. Zur Theologie der gottoffenen Spiritualität bei Madeleine Delbrel, Würzburg 1997, 161.

248 Delbrel, Auftrag 183.

249 Dieses Zitat verdanke ich Halik, Geduld mit Gott 5.

250 Hans-Günter Röhrig, Lasst uns leben. Ermordet für die Rechte der Indianer, Bamberg 1978, 14.

251 Nach Auskunft des Mitbruders P. Georg Matt im Salesianerorden, der Pater Lunkenbein persönlich gekannt hat.

252 Röhrig, Lasst uns leben 29.

Mut und Demut

253 Karl Rahner, Die menschliche Sinnfrage vor dem absoluten Geheimnis Gottes, in: Schriften zur Theologie, Bd. 13, Gott und Offenbarung, Zürich 1978, 111–128, Sinnfrage 116.

254 Vgl. ebd. 114.

255 Vgl. Josef Wohlmuth, Trinität – Versuch eines Ansatzes, in: Magnus Striet (Hg.), Monotheismus Israels und christlicher Trinitätsglaube, Freiburg/Br. 2004, 33–69, 69.

256 Vgl. ebd. 68.

257 Vgl. ebd. 68f.

258 Karl Rahner, Die unverbrauchbare Transzendenz Gottes und unsere Sorge um die Zukunft, in: Schriften zur Theologie, Bd. XIV, Einsiedeln 1980, 405–421, 414.

259 Dietrich Bonhoeffer, Gesammelte Schriften I, München 1958, 303f.

260 Vgl. dazu Werner Kallen, In der Gewissheit seiner Gegenwart. Dietrich Bonhoeffer und die Spur des vermissten Gottes, Mainz 1998, 179ff.

261 Alfred Delp, Im Angesicht des Todes. Ignatianische Impulse, Würzburg [2]2008, 72.

262 Vgl. Thomas Stearns Eliot, Murder in the Chathedral, London 1971, 49; die Begegnung ereignet sich in Part I, in dieser Ausgabe Seite 37–48.

263 Vgl. Eliot, Murder 42.

264 Ebd. 47.

265 Ebd. 48.

266 Vgl. ebd. 48.

267 Im „Interlude", das die Predigt des Erzbischofs am Morgen des Weihnachtsfestes enthält, hier 53.

268 Vgl. dazu auch die kommentierenden Hinweise in Robert Fisher, Murder in the Cathedral. Notes, London 1969, 33ff., 45ff., 48ff.

269 Vgl. den Titel, den Jean Anouilh seinem Becket-Stück gegeben hat: Becket oder Die Ehre Gottes (München 1963), zum dortigen analogen Verhältnis von „Logik" und „Sinnlosigkeit" im „Nein" Beckets dem König gegenüber vgl. ebd. 113, im 4. Akt, im Gespräch mit dem König; zur „Last" der Ehre Gottes vgl. ebd. 114 und 131.

270 Vgl. zu diesem Kapitel auch Fuchs, Sakramente 99–124.

271 Vgl. Michael Schüßler, Grundlegung der Sozialpastoral im Vatikanum II, in: Winfried Reininger, Ingried Reidt (Hg.), Kirche auf der Seite der Armen, Freiburg i. Br. 2013, 55–63, 61.

272 Vgl. Katharina von Kellenbach, Satisfactio als Reinigung des Gedächtnisses, in: Theologische Quartalschrift 194 (2014) 3, 241–254.

273 Katharina von Kellenbach, Christliche Vergebungsdiskurse im Kontext von NS-Verbrechen, in: Lucia Scherzberg (Hg.), Theologie und Vergangenheitsbewältigung, Paderborn 2005, 179–195, 192. Zur Problematik einer Seelsorge an verurteilten nationalsozialistischen Tätern ohne Blick auf die Opfer vgl. bereits dies., Schuld und Vergebung. Zur deutschen Praxis christlicher Versöhnung, in: Björn Krondorfer u. a., Mit Blick auf die Täter, Fragen an die deutsche Theologie nach 1945, Gütersloh 2006, 227–312.

274 Vgl. Ottmar Fuchs, „Stellvertretung" – eine christliche Möglichkeit, in: Theologische Quartalschrift 185 (2005), 95–126.

275 Stefan Zweig, Unvergessliches Erlebnis, in: Stefan Zweig, Jacques Feschotte, Rudolf Grabs, Albert Schweitzer, Genie der Menschlichkeit, Frankfurt a. M. 1961, 9–19, 11.

276 Albert Schweitzer, Das Problem des Ethischen in der Evolution des menschlichen Denkens, in: Zweig u.a. (Hg.), Albert Schweitzer 223–239, 235.

277 Ebd. 235.

278 Zweig, Erlebnis 12–13.

279 Zur Solidarität der Opfer bzw. der Heiligen mit den „Verdammten" vgl. Ottmar Fuchs, Leidempfindlich, schuldsensibel und sühnebereit, in: Scherzberg (Hg.) Theologie 196–223, 220ff.

280 Vgl. Martin Luther, Die fünfundneunzig Thesen wider den Ablass, in: ders.: Von der Kraft des Wortes. Ausgewählte Schriften, Predigten, Gespräche und Briefe, Gütersloh o.J., 289–295, hier 294 (vgl. ähnlich die Thesen 47, 48,69). Vgl. Berndt Hamm, Ablass und Reformation – Erstaunliche Kohärenzen, Tübingen 2016. Auch Hamm sieht das Verhältnis von Ablass und Reformation nicht nur als Konfrontations-, sondern auch als Kontinuitätsgeschichte: Beide zielen auf die Existenzbewegung von der Angst zur Liebe, vgl. 170ff; zu den Kohärenzen vgl. besonders 233–250. Hamm zitiert als Eingangsmotto Robert Bellarmin: „Keiner hat jemals einen so umfassenden Ablass verkündigt wie Luther." Zu weiteren Korrespondenzen Luthers insbesondere mit mystischen Traditionen des Spätmittelalters vgl. Volker Leppin, Die fremde Reformation. Luthers mystische Wurzeln, München 2016.

281 Hamm, Ablass 247.

282 Ebd. 237.

283 Vgl. ebd. 244f.

284 Vgl. Fuchs, Stellvertretung.

285 Vgl. Hamm, Ablass 194ff.

286 Vgl. ebd. 245.

287 Vgl. dazu Hugo Schwendenwein, Das neue Kirchenrecht. Gesamtdarstellung. Graz 1983, 348ff.

288 Vgl. Karl Rahner, Zur heutigen kirchenamtlichen Ablasslehre, in: Schriften zur Theologie Bd. VIII, Einsiedeln 1961, 472–518, bes. 507.

289 Sicher kann von struktureller Sünde nur in analoger Weise die Rede sein, weil dieser Begriff nicht die für die Sündendefinition wesentliche unmittelbare Personalität und Entscheidungsfreiheit des Einzelnen aufnimmt. Dennoch ist diese Redeweise gerechtfertigt, insofern der Begriff der strukturellen Sünde die mittelbare Schuldfähigkeit und Sündhaftigkeit des einzelnen Menschen namhaft macht und ins Bewusstsein bringt: Er kann nämlich aktiv im Horizont struktureller Sünde sündigen, als er selbst durch eigene Taten die zerstörerischen Strukturen verstärkt; er kann sich aber (und dies ist häufiger, aber objektiv nicht weniger schlimm) gegenüber den politisch-sozialen Ausmaßen der Sündenverstrickung passiv ver-

halten und es unterlassen, etwas dagegen zu tun. An seinem Verhältnis zur strukturellen Sünde definiert sich dann *auch* seine eigene Sünde bzw. Umkehrbereitschaft. Was von jeher im persönlichen Beichtspiegel als Unterlassungsschuld vorkam, ist von daher auch strukturell zu bedenken.

290 Vgl. Fuchs, Der zerrissene Gott 127–160.

291 Viel verdanke ich diesbezüglich der ökumenischen deutsch-polnischen Fachtagung „Seelsorger im Widerstand. Poelchau – Delp – Zieja – Bursche. Überlegungen zu einer prophetischen Seelsorge heute“ vom 5. bis 8. April 2009 in Warschau, veranstaltet von der Gesellschaft für interkulturelle Seelsorge und Beratung.

292 Vgl. Ulrich Bach, Kreuzes-Theologie und Behindertenhilfe, in: Pastoraltheologie 73 (1984) 211–224; ders., Wer hat Angst vor Frau N.? Ein Kapitelchen abendländischer Befreiungs-Theologie, in: Diakonie 13 (1987) 198–203.

293 Vgl. Werner Vogd, Seele, Sorge, Seelsorge. Soziologische und anthropologische Überlegungen zur Seinsvergessenheit in unserer Gesellschaft, in: Wege zum Menschen 66 (2014) 2, 141–154.

294 Alfred Delp, Im Angesicht des Todes. Ignatianische Impulse, Würzburg [2]2008, 72 und 75.

295 Ebd. 68.

296 Ebd. 29.

297 Ebd. 71.

298 Ebd. 76.

299 Vgl. Corinna Schlicht: Den Holocaust verlachen: Untersuchungen zu Roberto Benignis „La vita è bella“. In: dies. (Hg.): Lebensentwürfe. Literatur- und filmwissenschaftliche Analysen, Oberhausen 2005, 150–159.

300 Anita Lasker-Wallfisch, Ihr sollt die Wahrheit erben. Die Cellistin von Auschwitz. Erinnerungen, Reinbek 1996, 65 und 75.

301 Thomas Auchter, Zur Psychologie des Überlebens, in: ders., Michael Schlagheck (Hg.), Theologie und Psychologie im Dialog über Erinnern und Vergessen, Paderborn 2004, 223–243, 233.

302 Lasker-Wallfisch, Wahrheit 118.

303 Vgl. ebd. 126f.

304 Der österreichische Lyriker, Journalist und Kabarettist Leo Straus hat in einem dreibödigen Lied die Verhältnisse in Theresienstadt beschrieben (und aufgeführt im dortigen Musik- und Kulturprogramm). Dreibödig deshalb, weil in scharfer Ironie gegen die Nazis, nach deren Meinung die Insassen dieses KZ als Vorzeige-KZ erleben sollten; dann in der Beschreibung dessen, was Realität ist, als erschreckender Einblick in die Wirklichkeit, wie sie tatsächlich hinter dem „als ob“ zu erleben ist; und schließlich als ein genialer Versuch, die Ironie nicht nur den Tätern zu überlassen, sondern

hinterrücks zu entziehen und für die Opfer bedeutsam werden zu lassen: denn im „als ob“ werden auch die Bilder einer Hoffnung „phantasiert“, die Kraft zum Überleben gibt: „Man trägt das schwere Schicksal, Als ob es nicht so schwer, Und spricht von schönrer Zukunft, Als obs schon morgen wär“, vgl. Ottmar Fuchs, „Nackt“ von Gottes Wort getragen, in: Notker Wolf (Hg.), Anselm Grün begegnen, Münsterschwarzach 2014, 263–276.

305 Lasker-Wallfisch, Wahrheit 131.

306 Mario Vargas Llosa, Das Paradies ist anderswo. Roman, Frankfurt a. M. 2011.

307 Vgl. Emmanuel Lévinas, Jenseits des Seins oder anders als Sein geschieht, Freiburg/Br. München 1992.

308 Vgl. Fuchs, Stellvertretung.